思考力

不断逼近问题的本质

闻镝 编著

民主与建设出版社
·北京·

© 民主与建设出版社，2021

图书在版编目（CIP）数据

思考力：不断逼近问题的本质/闻镝编著. -- 北京：民主与建设出版社，2021.8
ISBN 978-7-5139-3640-8

Ⅰ.①思… Ⅱ.①闻… Ⅲ.①思维方法 Ⅳ.①B80

中国版本图书馆 CIP 数据核字 (2021) 第 137109 号

思考力：不断逼近问题的本质
SIKAOLI BUDUAN BIJIN WENTI DE BENZHI

编　　著	闻　镝
责任编辑	王　颂　郝　平
封面设计	韩　立
出版发行	民主与建设出版社有限责任公司
电　　话	（010）59417747　59419778
社　　址	北京市海淀区西三环中路10号望海楼E座7层
邮　　编	100142
印　　刷	北京市松源印刷有限公司
版　　次	2021年8月第1版
印　　次	2021年8月第1次印刷
开　　本	880mm×1230mm　1/32
印　　张	8
字　　数	185千字
书　　号	ISBN 978-7-5139-3640-8
定　　价	36.00元

注：如有印、装质量问题，请与出版社联系。

前言
PREFACE

心理学家马克斯韦尔·马尔茨曾说过这样一段话："所有人都是为成功而降临到这个世界上的，但是有的人成功了，有的人没有，那是因为每个人的思考方法不同。"思考力是人生的财富。网易创始人丁磊仅仅用了短短7年的时间，就从一位穷大学生跃升为互联网巨头的CEO。当被问到成功的秘诀时，他坦言道："因为我在大学里学会了思考。"

如果检查一下我们固有的思考方式，你会发现其漏洞百出。比如，可能你习惯在证据不足的情况下做决定；可能你偏重于考虑事情的价值而忽略事情的危险性；可能你遇到问题不会变通，总是钻牛角尖……错误的思考方式形成习惯之后，很难改变，它会让你在工作和生活中遭受重大损失。

在这个思考能力、创新能力越来越重要的时代，有效的思考方法比什么都要实用，它可以让你更好地解决学习、生活、工作中的各种问题，让你的人生更完美。

那么，全世界成功的政治家、企业家、管理者、科学家都在用什么有力的工具分析问题、创新思路、做出决策、解决难题呢？

本书介绍了全世界都在用的8种思考方法：发散性思考法、六顶思考帽思考法、水平思考法、倒转思考法、图解思考法、灵感思考法、类比思考法、控制反控制思考法。

在介绍各种思考方法的时候，穿插了一些生动的小故事作为思考方法的例证，让大家更容易理解如何把这些思考方法应用到实际生活中。此外，在一些章节后面设置了一些小题目，它将帮助你检验自己是否掌握了相应的思考方法。

总之，本书将教你不断逼近问题的本质，让你的思路更广阔，能够多角度、多层次、多侧面地进行思考，快速找出解决问题的突破口，迈向成功。

目录

第一章 比勤奋更重要的是思考力：思考的深度决定人生的高度

第一节　成功者都是聪明的思考者 ……002

第二节　真正的成功靠思考不靠运气 ……005

第三节　正确思考才能正确决策 ……009

第四节　任何难题的解决都有赖于思考 ……013

第五节　思考有方法，更有技巧 ……017

第六节　全世界都在用的8种思考方法 ……022

第二章 发散性思考法：思路越广，方法越多

第一节　组合发散法　……030

第二节　辐射发散法　……033

第三节　因果发散法　……038

第四节　关系发散法　……043

第五节　头脑风暴法　……048

第六节　特性发散法　……053

第三章 六顶思考帽思考法：多角度思考，综合评估

第一节　6种不同颜色的思考帽　……058

第二节　白色思考帽　……063

第三节　红色思考帽　……067

第四节　黑色思考帽　……071

第五节　黄色思考帽　……075

第六节　绿色思考帽　……080

第七节　蓝色思考帽　……084

第四章 水平思考法：多侧面思考，激发创意

第一节　什么是水平思考法 ……090

第二节　Po 的含义 ……093

第三节　创造性停顿 ……098

第四节　简单的焦点 ……101

第五节　其他的选择 ……106

第六节　激发的出现 ……111

第七节　随意输入 ……114

第五章 倒转思考法：逆向思维，柳暗花明

第一节　什么是倒转思考法 ……120

第二节　条件倒转 ……124

第三节　作用倒转 ……126

第四节　倒转人物 ……129

第五节　倒转情景 ……132

第六节　方式倒转 ……135

第七节　过程倒转 ……139

第八节　观点逆向 141

第九节　因果逆向 144

第六章　图解思考法：理清思路，抽象问题具象化

第一节　什么是图解思考法 150

第二节　图解的类型 153

第三节　为什么用图解 162

第四节　读图时代 167

第五节　怎样做图解 171

第七章　灵感思考法：用潜意识思考，捕捉灵感火花

第一节　灵感的特征 176

第二节　诱发灵感 179

第三节　触发灵感 182

第四节　逼发灵感 185

第八章 类比思考法：
在比较中创新，开拓思路

第一节　类比法的运用 190

第二节　直接类比 193

第三节　间接类比 197

第四节　因果类比 200

第五节　仿生类比 204

第六节　幻想类比 208

第九章 控制反控制思考法：
保持清醒头脑，摆脱他人控制

第一节　玩权威牌 212

第二节　制造恐惧、疑惑、不确定 217

第三节　对人不对事 221

第四节　因为你错，所以我对 225

第五节　玩文字游戏 228

第六节　制造两难境地 231

第七节　错误类比 235

附录："开动你的脑筋"答案 240

第一章

比勤奋更重要的是思考力：
思考的深度决定人生的高度

第一节
成功者都是聪明的思考者

　　成功者和失败者解决问题时有很大的区别：成功者解决问题时会寻求更好的办法，失败者解决问题时不会尝试新的办法；成功者面对困难时会寻找对策，失败者面对困难时会逃避、退缩；成功者面对挫折时会总结经验教训，失败者面对挫折时只会懊悔、自责。成功者与失败者最根本的区别就在于成功者更善于思考。

　　成功者都是聪明的思考者，他们善用各种思考方法帮助自己解决问题，取得成功。首先，善于思考的人能够把握时机、抓住机会，他们能够审时度势，把握事情的发展方向，做出正确的判断；其次，善于思考的人遇到问题时不会惊慌失措，他们会积极思考，寻找解决问题的方法；再次，善于思考的人能够不断创新，寻找新的解决方法。总之，善于思考的人更容易取得成功。

　　机遇无处不在，但是有些人能够抓住机遇，取得成功，有些人则错失良机，只能等待失败。成功者之所以成功就是因为他抓住了被别人忽视了的机遇。

1950年，22岁的李嘉诚立志创业，他筹措了5万港元，创办了长江塑胶厂。有一天，他在英文版《塑胶》杂志上看到一则消息：意大利某塑胶公司生产的塑胶花即将投放欧美市场。李嘉诚意识到战后人们的物质生活有很大的提高，塑胶花物美价廉，将有很大的市场，于是决意投产。终于，长江塑胶厂成为世界上最大的塑胶花生产基地，李嘉诚也赢得了"塑胶花大王"的美誉。随着市场的发展变化，李嘉诚预料到塑胶花的市场已经饱和了，他决定急流勇退，转投生产塑胶玩具。果然两年后塑胶花严重滞销，而长江塑胶厂已经成为香港最大的塑胶玩具出口企业。

20世纪60年代中后期，香港出现金融危机和政治危机。香港的投资者和市民纷纷移民到其他国家，香港的地产价格暴跌，房地产公司纷纷倒闭，整个房地产市场死气沉沉。李嘉诚没有随波逐流，他坚定地看好香港的商业前景，于是做出大胆的决定——大量买入地皮和旧楼。果然，1970年以后，香港的经济开始复苏，大量当初离开香港的商家纷纷回流，房产价格随之飙升。李嘉诚把当初廉价购入的房产高价抛售，并且购买具有开发潜力的楼宇和地皮。1971年，李嘉诚创办了长江置业有限公司，成为香港最大的房地产商。1997年亚洲金融危机爆发，香港房地产公司陷入混乱状态，大肆抛售楼盘。李嘉诚再次低价购买大量房产，两年后房价回升时获得暴利。李嘉诚手上的资金暴增，使他成为名副其实的华人首富。

失败者遇到问题时找不到解决方法而只会坐以待毙；成功者善于思考，遇到问题时能换一个角度，结果能绝处逢生。解决问题的方法并非只有一种，一条途径走不通，还可以选择其他途径。

成功者不但善于创新，而且善于学习和模仿。模仿并不是照搬，如果跟在别人后面亦步亦趋，是不会有什么收获的。成功者能够结合自己的实际情况，借鉴别人的成功经验。看到别人取得成功之后，他们会思考为什么别人能够取得成功，自己的优势和劣势是什么，用同样的方法是否也能成功。

腾讯创始人之一的马化腾最初在深圳的一家公司打工，一次偶然的机会，他接触了以色列人发明的一种聊天工具ICQ，聪明的马化腾立刻意识到这个东西可以成为"互联网寻呼机"。他在看到ICQ潜藏的巨大发展前景的同时，也发现了ICQ无法在中国迅速发展的原因——缺少中国版本。于是马化腾找来几个朋友成立了一家公司，模仿ICQ开发出中国的在线即时通信工具OICQ（又称QQ）。

如果只是简单的模仿，马化腾也不可能取得巨大的成功。当时中国冒出了一大批模仿ICQ的即时通信软件，比如Picq，Oicq，OMMO，以及新浪的UC，等等。但是只有腾讯的QQ实现了规模化发展，站稳了脚跟。到2006年，QQ注册用户达到5.49亿，活跃用户2.24亿，如此庞大的数据中蕴含了巨大的商机。在这个平台上，腾讯可以轻而易举地推广新的创意和业务。经过8年多的发展，腾讯已经初步完成面向在线生活产业模式的业务布局，构建了QQ、QQ.com、QQ游戏以及拍拍网4大网络平台，并且形成了规模巨大的网络社区，市场规模已经达到几百亿元。有人将它的发展轨迹与美国的微软相提并论，并称腾讯将会是未来中国互联网的微软。

在追求成功的道路上必然会遇到各种问题，只有善于思考才能把这些问题化解掉。思考方法是成功者手中的利剑，他们能够灵活运用思考方法朝成功的方向努力，披荆斩棘，使问题迎刃而解。

第二节
真正的成功靠思考不靠运气

失败者总是为失败找借口，最常用到的借口就是"运气不好"。其实，真正的成功不是靠运气，而是靠正确的思考。好运气只能获得偶尔的成功，却不能保证长久的成功。如果总是抱着碰运气的心态，而不是积极地思考，寻找成功的方法，那么，你就永远都不能取得真正的成功。

有人说自己没成功是因为没遇到好的机会。事实上，他们不是没有遇到好机会，而是没有做好抓住机会的准备。机会只青睐那些有准备的人。善于思考的人、掌握思考方法和思考技巧的人更容易发现机会并抓住机会。

2003年福布斯中国富豪榜发布，网易创始人丁磊以10.76亿美元的身家位居榜首。他从一名穷学生到成为中国首富只用了7年时间，当被问到成功的秘诀时，他说："因为我在大学里学会了思考。"

丁磊觉得书本上的知识不一定要老师教才能学会。第二学期开始，每天的第一节课他都不去上。但是他又不得不做作业，于是他努力思考老师在上一节课讲了哪些内容，传达了哪些信息。在这个过程中，他掌握了非常重要的技巧，那就是思考的技巧。掌握这个技巧之后，他就完全可以自学了。他看书的速度非常快，而且一般从后往前看，遇到不懂的关键词就翻到前面找相关的解释。这样两三个星期就能掌握一门课的内容。

后来，Internet进入中国之后，丁磊欣喜地发现思考的技巧对他来说是多么重要，因为当时没有一本书能够告诉大家Internet是怎么回事儿，里面的软件是什么以及其他相关的问题。很快，丁磊成为中国最早的一批上网用户。

1997年，丁磊决定创办网易公司。他认为要想实现目标，除了勤奋之外，还要有积极进取和勇于创新的精神。他先做免费的个人主页空间，后来模仿Hotmail做免费的电子邮箱。网易很快成为中国最著名的门户网站之一,取得这一成就很重要的原因是它往昔免费服务的回报。1998年,网易每天有10万人的访问量,这为网易赢得了10多万美元的广告销售额。

2000年,网易在纳斯达克挂牌上市。但是时机不佳,当时科技股正在崩盘,网易的股价从第一天就开始节节下滑。2001年9月,网易因财务问题被纳斯达克摘牌。丁磊对外界说,他希望靠在线游戏"西游记"、短信服务、股票点播,以及一个类似MSN Explorer的新产品来赢利。2002年,网易首次实现盈利,并成为纳斯达克表现最优异的股票之一。

2003年,网易发展为中国概念明星,网易创造了网络神话。对此,丁磊说:"我已经32岁了,从意气风发的时期到了成熟思考的阶段。因此我的心情不会随股价的涨跌而变化,特别是我不会因为财富的多少而影响到未来生活、工作及思考问题的方式。"

真正有远见的人不会在意一时的得失,他们知道要想成就大事业必须经过风雨的考验。坚持正确的理念、深入的研究和正确的方法,时间一定会给你加倍的回报。

乳品企业的佼佼者蒙牛集团在其成立之初可谓一无所有,既没奶源又没有工厂,有的只是脱胎于伊利的由十几个人组成的团队,而且要面临强大的竞争对手的重重围困。

蒙牛管理层跳出先建工厂后建市场的窠臼,提出先建市场再建工厂的战略,以"虚拟联合"的方式不断壮大。首先,蒙牛和一家经营管理不善的液态奶公司洽谈，蒙牛有市场没有工厂，这家公司有工厂没有市场，双方一拍即合，蒙牛顺利实现了贴牌生产；其次，蒙牛承包了一家濒临倒闭的冰激凌公司，蒙牛牌的冰激凌顺利上市。

为了扩大市场，蒙牛开始向国际投资机构融资。随着摩根等投资银行的介入和在香港的上市，蒙牛的上市公司运行制度更加健全。摩根等国际投资银行之所以看中蒙牛，不只是因为蒙牛是中国乳业的龙头品牌，更加看中的是蒙牛的经营团队和完善的公司管理制度。

蒙牛的成功绝不是历史的偶然或单纯凭运气而成就的中国乳业史上的神话。可以说蒙牛的每一步发展都是认真思考、精心策划的结果。管理团队的策划、营销和品牌的建立是蒙牛取得成功的关键。

成功的投资者总是通过分析和总结市场的规律，找到占领市场的方法。投资者完全可以在总结前人经验的基础上，摸索总结出适合自己的投资方法，从而让这些方法引导自己获得成功。

开动你的脑筋

早上6点，一个和尚开始爬山去山顶的寺庙。他在路上多次停下休息，而且有时走得快，有时走得慢，最后，他在晚上到达了山顶。这个和尚在山顶的寺庙里住了一宿。第二天早上6点，他起程下山，同样走上山时的那条路，他也停下来休息很多次，但是下山花费的时间比上山所用的时间要短。

问题是：山腰小路上是否有这样一个点——和尚在第一天上山和第二天下山的同一时刻都要经过？为什么？（答案见附录）

第三节
正确思考才能正确决策

正确决策是事业成功的关键，决策失误会给我们造成很大的损失。据美国兰德公司统计，世界上破产倒闭的大企业中有85%是企业家决策失误导致的。而决策失误往往又是因为没有正确思考，没有做出准确的判断。正确决策有赖于周密的思考，尤其是做出重大决策之前一定要谨慎思考。事事谨慎才能思考透彻，全面地辩证地看待问题才能避免做出错误的判断。

一些人把分析问题的过程和做决策的过程截然分开。他们认为，解决问题关心的是导致问题的原因和解决问题的办法，而做决策主要关心的是就一个具体的议题做出决断。但是从分析的角度来看，两者之间没有本质的区别。分析问题是做决策的前提，做决策之前必须收集信息从而分析问题的原因和性质，然后考虑解决这一问题的可能的方案，评估选择某一方案或做出某一决策可能出现的结果。

科学的分析决策方法要有谨慎严密的逻辑思路，如果不进行仔细的分析，就可能会顾此失彼，不能做出有利于全局的决策。

1993年，旭日升率先提出的"冰茶"这一概念在全国范围内迅速蔓延。该公司很快便建立了48个营销公司和200多个销售分公司，形成遍地开花的旭日升营销网络。1998年，旭日升的销售额达到了30亿元，在茶饮料市场中独领风骚。

在成绩面前，旭日升的决策者盲目追求发展速度，不计成本地追求销售额，忽视了对市场的深度开发和品牌的深层管理。有些分公司的经理与经销商达成协议，以最优惠的返利条件换取经销商的回款。在利益的驱动下，部分决策者甚至容许经销商销售过期产品。高层管理者对此漠不关心，对市场环境变化反应迟钝，他们关心的只是回款的多少。

当旭日升整个管理层都在追求高回款率的时候，康师傅、统一等多个大品牌的茶饮料迅速崛起。旭日升很快就退出了市场舞台。旭日升的陨落，一个重要的原因就是其决策者盲目追求规模经济，决策缺乏科学性、民主性和战略性。

遇事要分清事情的轻重缓急，坚持要事优先的原则。如果眉毛胡子一把抓，就会理不清头绪。在混乱的状态下，人们很容易情绪化，不能冷静地思考问题。只有客观冷静地思考问题，才能避免因为主观因素和情绪的影响做出错误的决策。作为决策者一定要保持镇定、理智，制定决策时要有严密的逻辑和程序，这样才可以有效地抑制决策者的情感、情绪对决策判断的影响，从而做出正确的决定。

当初，加藤信三刚刚升任日本狮王牙刷公司的主管就面临着前任主管遗留下来的产品滞销的巨大压力。上任的第一天，他就接到董事会的决策议案：在3天内制定出一条从生产到销售的全面经营战略。加藤信三认真考虑之后认为制定这样的策略没有多少实际意义，关键要从牙刷的质量上寻找解决问题的办法。经过分析之后，他提出第一个需要完成的任务就是"改造牙刷的造型"。

原来，加藤信三每天早上用公司的牙刷刷牙的时候几乎都会牙龈出血。他准备向技术部门发一通牢骚，但是在通往技术部门的路上，他的脚步渐渐放慢了……加藤信三冷静下来之后，和同事一起想出不少解决牙龈出血的办法，比如改变刷毛的质地，改变牙刷的造型，改变刷毛的排列等。在试验过程中，加藤信三发现牙刷毛的顶端都被切割为锐利的直角。他灵光一闪，想到将直角改成圆角。经过多次试验，加藤信三把这一决策提交给了公司。董事会最终通过了这项决策，并投入资金，把全部牙刷毛的顶端改成圆角。改进后的狮王牌牙刷受到了顾客的广泛欢迎。为公司做出巨大贡献的加藤信三后来成为了公司的董事长。

做决策时要权衡利弊、认真筛选。把决策设计得完美周到当然是最好的，但是如果一味地追求完美的决策，就会坐失良机。正确的方法是仔细分析、认真思考，从多个备选方案中选择最佳的方案，尽量降低决策风险。

一个师傅带领3个弟子经过麦田，师傅让他们从中选择最大的麦穗，而且只有一次选择的机会。

大徒弟走进麦田之后很快就发现了一个很大的麦穗，他担心前面再也没有比这个更大的麦穗，就迫不及待地摘了下来。继续前进时，他发现前面的很多麦穗都比他摘的那个大，但是已经没有选择的机会了。他只能无可奈何地走出麦田。

二徒弟走进麦田看到很多的大麦穗，但是总也下不了摘取的决心。他觉得前面也许还有更大的，结果他走到了麦田的尽头才发现已经错过机会了，只能在麦田尽头摘了一个较大的麦穗。

三徒弟先把麦田分为3块，走过第一块的时候观察麦穗的长势、大小和分布规律，在经过中间那块麦田时他更专注于比较麦穗的大小，选择了一个最大的麦穗，然后出了麦田。经过观察和比较，他摘的麦穗未必是麦田中最大的，但是和最大的麦穗也相差无几。并且他既没有为错过前面的麦穗而悔恨，也没有为没摘取后面的麦穗而遗憾，他的选择是最明智的。

做决策时要谨慎小心，还要做最坏的打算。美国著名管理学家康拉德·特里普说："人们都说我是主动进攻型的经营者，但是恰恰在决策上我小心谨慎、十分保守。在做一项生意的时候，我永远先做最坏的打算。"

第四节
任何难题的解决都有赖于思考

我们在生活中和事业发展中必然会遇到各种各样的难题，只有解决掉这些问题才能不断进步。有些人遇到问题就愁眉不展、逃避，逃避并不能解决问题，反而会使问题恶化。不敢面对问题只能使问题越积越多，越来越难以解决。其实，方法总比问题多，只要善于思考就能找到解决问题的方法。

很多人遇到问题后不知道该如何着手解决。要想解决问题，首先要进行仔细分析，弄清问题到底是什么。如果问题界定不准确，就会给问题的解决造成很大麻烦。确定问题之后要寻根究底，找到产生问题的根本原因，才能找到更好的解决问题的方法。有时我们为了解决问题忙得焦头烂额却还是不能达到满意的效果，主要原因就在于我们没有找到问题的关键。

许多年前，美国华盛顿的杰斐逊纪念堂前的石头腐蚀得很厉害，引起游客的抱怨，这让维护人员大伤脑筋。按照常规的思路,最直接的解决办法就是换石头,但这样做花费实在太大了。

经过仔细观察,纪念堂的管理人员发现,这种情况出现的原因是清洁人员过于频繁地清洁石头。之所以需要过于频繁地清洁石头,是因为那些光临纪念堂的鸽子留下了粪便。为什么有那么多鸽子飞来呢?原来纪念堂里有大量蜘蛛供它们觅食。为什么会有这么多蜘蛛呢?原来蜘蛛在纪念堂的屋檐下结网可以捕捉到大量的飞蛾?为什么会有这么多飞蛾呢?原来飞蛾是被纪念堂的灯光吸引来的。

产生问题的根本原因找到了,管理人员采取了推迟开灯时间的办法。没有了灯光,飞蛾就不会来;没有了飞蛾,屋檐下的蜘蛛就渐渐少了;没有了蜘蛛,来觅食的鸽子也就没有了;没有了鸽子,自然也就没有了粪便。

找到问题的根源之后,问题就迎刃而解了。如果当初盲目地换掉石头,不但解决不了问题,而且还会花费一大笔开支。

开始思考应该只考虑与主题有关的事,排除主题之外的所有杂念,抑制遇到困难就想摆脱的想法。用重要感和紧迫感强化思维,让自己最大限度地集中思考。但是过于紧张也不利于思考,因此还要学会放松,也许在放松的时候就会灵光乍现,想到解决方法。有时当局者迷,旁观者清,当局者用传统的方法解决不了的问题,旁观者可以从另一个角度提供新的思路。

柯特大饭店是美国加州圣地亚哥市的一家老牌饭店。随着客流量的增多，原先配套设计的电梯已经不够用了。于是，老板准备改建一个新式的电梯。他重金请来全国一流的建筑师和工程师，请他们一起商讨该如何增设电梯。建筑师和工程师按照常规模式进行思考，认为必须在每一层打一个大洞，然后安装新电梯。但是这样做有几个弊端：第一，破坏建筑结构；第二，弄得尘土飞扬，影响宾馆的清洁卫生；第三，制造噪声，影响宾馆正常营业。

建筑师和工程师一筹莫展，找不到更好的解决问题的办法。这时一个清洁工说："我要是你们，就把电梯装在楼的外面。"工程师听后茅塞顿开，把电梯装在楼外面只需在每层开一扇门就行了。这个创造性的观念是近代建筑史上的伟大变革，此后就有了装在楼外的"观光电梯"。

有时我们会遇到巨大的难题，这些难题就像巨大的石头一样挡住前进的道路，无法一次性处理掉。这时，就要把困难的大问题分解成不同的阶段或不同的层次的小问题。看似无法解决的问题被分解后，解决起来就轻而易举了。分解问题的方法不但能帮助我们顺利地解决问题，而且可以减轻我们的心理压力。

1872年，有"圆舞曲之王"美誉的约翰·施特劳斯到美国演出。当地有关团体提出了一个惊人的设想：由施特劳斯指挥一个有两万人参加演出的音乐会。这几乎是一个不可能完成的任务——正常的演出，一个指挥家指挥几百个人就很不容易了。

这个难题没有难倒施特劳斯，他想了想就答应了。演出那天，两万名演员齐聚一堂，施特劳斯气定神闲，指挥得非常出色，两万件乐器奏起优美的乐章，让人如痴如醉。原来施特劳斯运用了分解问题的方法，他自己担任总指挥，下面有100个助理指挥，每个助理指挥负责指挥200名演员。总指挥的指挥棒动起来，助理指挥紧跟着动起来，两万件乐器一齐奏出和谐的乐曲。

聪明的人只为成功找方法，不为失败找借口。很多人之所以不成功，就因为他们在难题面前屈服，把困难放大，把自己看轻。只要积极思考，总能找到解决问题的方法。比尔·盖茨曾说："一个出色的员工，应该懂得，要想让客户再度选择你的商品，就应该去寻找一个让客户再度接受你的理由，任何产品遇到了你善于思索的大脑，都肯定能有办法让它和微软的Windows一样行销天下的。"

解决问题的方法不会凭空出现，只有不断思考，才能找到有效的解决方法。洛克菲勒也曾经一再地告诫他的职员："请你们不要忘了思索，就像不要忘了吃饭一样。"只有勤于思考，才有希望解决难题。你只有通过思考不断解决难题，才有可能成功，也才会有意想不到的惊喜。

第五节
思考有方法，更有技巧

面对同一个问题，有的人很快就能想到解决办法，有的人却一筹莫展、陷入僵局。之所以有这种差别，是因为前者掌握了思考的方法和技巧，头脑更加灵活。要想成为一个高效的思考者，必须掌握思考的技巧。掌握多种思考的技巧，才能更快地找到更多的解决问题的方法。

所有思维技巧中最重要也最常用的一种就是发散思维，即打开思路，寻找多种解决问题的途径。发扬创新精神，走别人没走过的路，更有可能取得成功。因此，思考问题时不要被现有的条件局限住。如果摆在面前的两条路都不是你想要的，那么你可以开动脑筋选择第三条路。

美国经济大萧条的时候，曼莎好不容易找到了一份珠宝店销售员的工作。圣诞节的前一天，店里来了一位30岁左右的男子。他看起来穷困潦倒，但是曼莎依旧热情地接待他。这位男子说："你不用理我，我只是来看看。"

曼莎去接电话的时候不小心把一个装有6枚金戒指的盘子打翻了。她慌忙去捡，却只捡回了5枚。她抬起头时看到那位男子正朝门口走去，她意识到第6枚戒指在哪儿了。她赶紧叫住那位男子："抱歉，先生，请等一下。"男子回过头说："什么事？"

曼莎非常紧张，她脑子飞快地转着，如果他不承认怎么办，如果……片刻，她鼓足勇气说："先生，这是我的第一份工作，您也知道，现在找个事儿很不容易，是不是？"男子注视着她，脸上浮现了一丝微笑，曼莎也慢慢平静下来。他回答："的确如此，但是我知道你会在这里干得不错的。"停了一下，他向前一步把手伸向她，并说："祝你圣诞快乐！"握手之后，曼莎的手里多了1枚戒指。

曼莎当时面临两个选择，要么忍气吞声，那样会给自己和珠宝店带来损失；要么叫保安把他抓起来，那样会给这个男子造成打击，他只不过是想送给妻子一个漂亮的圣诞礼物。聪明的曼莎选择了第三种办法，唤起了男子的良知，获得了男子的同情，既保护了自己的利益，又没有伤害到对方。

思考问题的另一个重要技巧是将问题巧妙转换。有些问题用直接的方式去解决，难度很大，甚至解决不了。如果将问题转换一下，看似困难的问题就变得容易多了。转换的内容包括问题的主体、类型、对象、焦点，等等。问题转换是一种曲线解决问题的方式，转换的过程可以表述为：A问题实际上是B问题，要解决A问题，就是要解决B问题。

一家建筑设计院为某单位设计了几栋办公大楼。办公大楼盖好并投入使用之后，该单位发现各楼之间的连接路线不科学。由于各楼之间的员工往来频繁，在路上会耽误很多时间。于是单位要求设计院在各楼之间设计出最科学最节省时间的人行道。

根据这一要求，设计师们提出了很多方案，但都被否定了。正当大家一筹莫展的时候，一个设计师说："让行人自己决定吧！人们为了赶时间会选择最近的路，人们走的最多的路线一定是最便捷的路线。现在正值春天，我们在主要路线上种上草，人们走路时会在草地上留下明显的痕迹。根据痕迹设计的路线，一定是最方便最省时间的。"

众人拍手叫绝，这一方案立即被采用了。建筑设计院根据草地上的痕迹铺设的人行道果然很受欢迎。

聪明的设计师将问题主体进行了转换，铺设人行道本来是设计师的问题，经过转换就变成了行人的问题。行人自己的选择更能满足行人的需求。

任何问题都有一个关键点，这个关键点是矛盾的汇集处，只要找到这个关键点就能"牵一发而动全身"。解决了关键问题，其他问题就迎刃而解了。

1933年3月4日，罗斯福宣誓就任美国第32任总统。当时正处于美国涉及范围最广的经济大萧条时期。美国银行出现了遍及全国的挤兑风波。几乎所有银行都被卷入挤兑风波中，不能正常营业。很多支票都无法兑现，人们对银行丧失了信心。一旦对银行丧失信心，挤兑就更加厉害，形成了恶性循环。严重的挤兑风波逼得银行喘不过气来。

针对这一问题，罗斯福上任第三天就发布了一个惊人的决定：全国银行休假3天。也就是说银行可以中止支付3天，从而为进行各种内部调整赢得了充分的时间。休假3天后，占全美国银行总数3/4的13 500家银行恢复了正常营业。银行系统的恢复带动了整个金融市场的复苏，交易所重新开始交易，纽约股市的指数上涨了15%。

罗斯福的这一决断起到了立竿见影的效果，不仅避免了银行系统的整体瘫痪，而且带动了经济的整体复苏。抓住了银行的问题，就抓住了整个经济中最关键的问题。银行的问题解决了，人们就对金融恢复了信心。此后，罗斯福采取一系列措施进行调控，很快就解决了经济危机中所遇到的各种问题。

思考问题时要掌握得失的辩证法，要有大智慧，不要耍小聪明。有些人自认为很聪明，但是聪明反被聪明误，他们恰恰是被自己的聪明打败的。为了贪图小利而耍小聪明，最终会因小失大。有一句话叫"巧诈不如拙诚"，有时看似最笨的方法反而是最有效的。

鲁宗道是宋真宗的大臣。有一次，宋真宗有急事，派使者召见他。使者到了他家，发现他去外面喝酒了，等了好一会儿才回来。使者急着向皇上回话，于是和鲁宗道商量："如果皇上怪罪您来迟了，我该假托什么事来回答呢？"鲁宗道说："就以饮酒的实情相告吧。"使者说:"这样皇上会降罪的。"鲁宗道回答:"饮酒是人之常情,欺君则是为臣的大罪。"使者回去后如实禀告了宋真宗。

过了一会儿,鲁宗道才来,宋真宗责备他说:"你私入酒家,是什么缘故呢?"鲁宗道回答说:"臣家里贫困,没有酒器,正好有乡亲远道而来,我请他去酒家吃酒了。我去时换了便服,市人没有认识我的。"宋真宗虽然批评了他,但是认为他为人坦荡、诚实可靠,从此更加器重他了。

思考技巧有很多,但是在运用技巧的时候要遵循基本的原则,否则就会弄巧成拙。前任微软全球副总裁李开复先生对年轻人追求成功提出了不少好的见解,比如坚持诚信、正直的原则。要把好的思路和想法和别人分享,付出的越多,得到的就越多。

开动你的脑筋

小王一大早醒来发现停电了,家里又没有可照明的工具。柜子里有5双黑色袜子、5双灰色袜子,那么他至少得拿出多少只袜子才能保证肯定有成对的袜子穿呢?(答案见附录)

第六节
全世界都在用的 8 种思考方法

大多数人靠打工养活自己,用自己的血汗成就老板的事业,一辈子也体验不到成功的乐趣。其实,成功和失败往往只是一念之差。能够取得成功的人都是善于思考的人。每一个成功者的成功历程都离不开思考,当思考成为习惯,成功就会随之而至。

改革开放初期,第一批摆地摊的人被人们认为没出息,但是今天看来,他们大都成了大老板。第一批进入股票市场的人,只要带几千元杀进股市,几年后便成了百万富翁。有人说,如果当初我也摆地摊,今天我也是大老板;如果当初我也买股票,今天我也是百万富翁。问题是,你的思考方法决定了你当初不会去做,也决定了你今天不是老板,也不是富翁。

人们认为只要开工厂、做生意就能赚钱。有些人说,只要有资金我也能成功。如果借给你 100 万,你敢保证做生意能赚钱吗?有些人遇到机遇拿不定主意,选择放弃;有些人遇到困难想不出办法,选择逃避;有些人遇到挑战害怕失败,选择退缩。这是因为这些人没有掌握好的思考方法,因此很难取得成功。

哥伦布发现新大陆之后，西班牙王室为他举行庆功宴。在庆功宴上，一位大臣不服气地说："任何一个人坐上船航行都能到达大西洋的对岸，有什么稀奇的，值得大家这样大惊小怪！"有几个大臣也在一旁附和。

哥伦布没说话，朋友们都为他着急，埋怨他怎么不辩解。过了一会儿，哥伦布叫仆役从厨房拿来几个熟鸡蛋，请大家玩一个小游戏：将鸡蛋竖立在桌上。许多人都尝试了，却没有一个人能成功。

这时，哥伦布拿起一个蛋，将蛋的一端朝桌面砸下去，蛋的一端破了，蛋也稳稳地直立在了桌上。王公大臣一片哗然，都说这算什么游戏，3岁小孩也会做。哥伦布说："虽然是很简单的游戏，你们却没有一个人会做；知道怎么做之后，大家却又都说太简单了！"

宾客们一致认为："鸡蛋都破了，那算什么呢？"哥伦布却继续保持沉着稳重的态度说："我在刚开始设定条件的时候，说过不允许把鸡蛋敲破吗？"宾客们一时哑口无言。

著名的演讲家陈安之说："要想成功必须向成功者学习，必须跟成功者在一起，模仿成功者的精气神，拷贝成功者的心绪……"成功最重要的秘诀就是要用已经证明有效的成功方法。你必须向成功者学习，做成功者所做的事情，了解成功者的思考模式。

只要我们模仿成功者的思考模式，学习聪明人的思考方法，

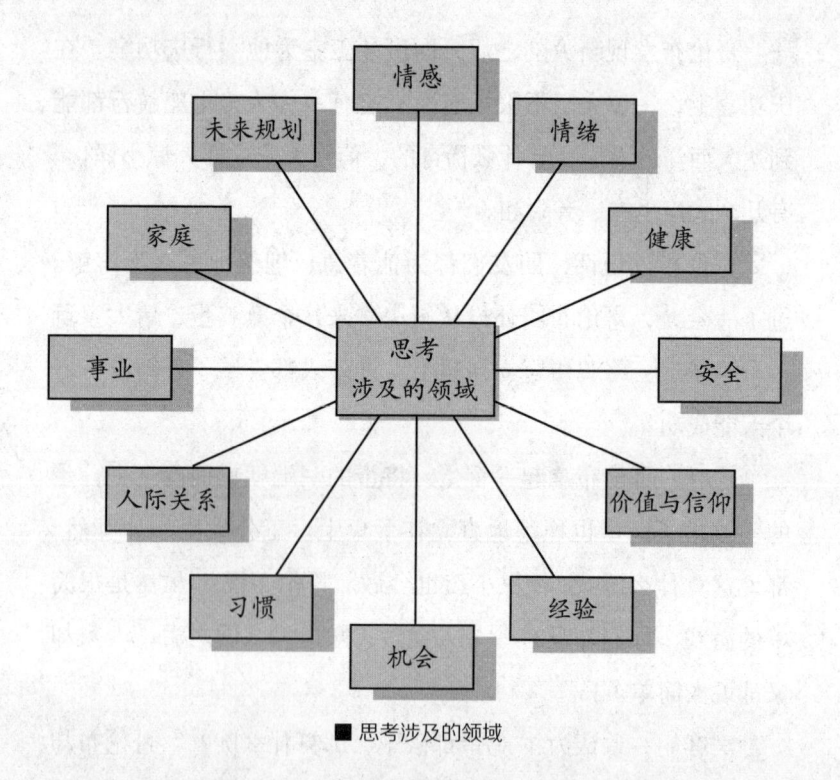

```
                    情感
      未来规划              情绪

     家庭                      健康

   事业      思考              安全
          涉及的领域
     人际关系                  价值与信仰

       习惯                    经验
                    机会
```

■ 思考涉及的领域

成功就会光顾我们。我们总结那些聪明人做事成功的思维规律，找到能够更快更好地解决问题的方法，当我们遇到类似的问题时就能够使用这些方法快速找到出路。本书为你总结了应用比较广泛的8种思考方法，在这里做一个简单的介绍。

1. 发散性思考法

我们的思维常常受习惯和规则的束缚，在狭窄的范围内很难找到出路。发散性思考法可以让我们打破传统和常规的束缚，根据已有的信息，从不同角度、不同方向进行思考，寻求多样性的答案。这种思考方法要求我们遇到问题的时候，应尽可能地拓展思路，思路越广阔，想到的可解决问题的方法就越多，然后我们可以从众多的可选项中找出最佳途径。

2. 六顶思考帽思考法

六顶思考帽思考法是爱德华·德·波诺博士发明的，是用于激发组织成员智力潜能的思考工具。如果我们同时对一个问题的6个方面进行思考，就会出现思维混乱、顾此失彼，不能做出客观公正的决定。六顶思考帽思考法让我们把一个问题分成事实和数据、感觉和情绪、危险、价值、创新和全局6个角度，用白色、红色、黑色、黄色、绿色和蓝色思考帽分别代表这6种思考角度，这样可以全面地评估问题的利弊，还能避免感觉和情绪对理性思维的影响。这种思考方法无论是对团体还是对个人都有很好的理清思路的作用。

3. 水平思考法

水平思考法也是爱德华·德·波诺博士发明的，它的释义是"以非正统的方式或者显然的非逻辑的方式寻求解决问题的办法"。水平思考与垂直思考相对，要求我们摆脱固有的观念的束缚，从不同角度、不同侧面来看待一个问题，从而发现或创造更多的解决问题的方法。水平思考还为我们提供了一系列技巧和工具，帮助我们获得具体的解决问题的方案。

4. 倒转思考法

倒转思考法即逆向思维法，是指从思考对象的反面或侧面

本能的思考者	成熟的思考者
会思考	会思考，而且会分析思考过程
以自我为中心	客观公正
受既有的思考模式引导	对既有的思考模式进行评价
受各种目标体系的束缚	把自我从思想桎梏中解放出来
盲目地运用逻辑体系	对所运用的逻辑体系的过程进行评价和检验
理智和情绪不受控制	明确地对理智和情绪加以控制
被自己的思想左右	管理那些左右自己的思想

■ 本能的思考者与成熟的思考者之比较

寻找解决问题方案的思考方法。按照正常的逻辑进行思考，有时我们会进入死胡同，找不到出路。倒转思考法是对传统观念的"背叛"，是从相反或相对的角度来看待问题。当我们一路向前寻找解决问题的方法的时候，我们的思维就出现了盲点——相反或相对的那一面被忽略掉了——也许在那里恰恰隐藏着解决问题的最佳方案。

5. 图解思考法

图解思考法是一种"用眼睛看"的思考方法。用图画或图表把信息表示出来，让自己的思路清晰起来。当我们通过文字和语言来接受信息或传达一些复杂的信息的时候，常常感到很难理清思路，要么出现理解错误，要么丢三落四，不能把问题完整准确地表述清楚。运用图解思考法你可以把大脑中的信息一目了然地呈现出来，使信息之间的关系明了，方便理解和记忆。图解思考法还可以帮助我们全面地思考问题，在更短的时间内得到更多的创意。

6. 灵感思考法

我们的自主意识只是冰山的一角，巨大的水面下的冰山是由潜意识构成的。灵感的闪现很大程度上是潜意识思考的成果，往往能给我们带来奇妙的创意。灵感思考法就是让潜意识更加积极地参与到思考过程中，让你有更多的创意。虽然灵感具有偶然性和突发性，但是灵感的产生也有原则和规律可循，我们可以通过掌握激发和利用灵感的技巧来获得创意。

7. 类比思考法

类比思考法是指把两个或两类事物进行比较，并进行逻辑推理，找出两者之间的相似点和不同点，然后运用同中求异或异中求同的思维方法进行发明和创造。一方面，通过类比，我们可以发现事物的未知属性，这些未知属性一旦被开发出来往往能带来新的价值；另一方面，我们把同类事物中已知对象的某种功能应用到另一对象上，就能赋予它同样的功能。

8. 控制反控制思考法

又称十根思考棒，是爱尔兰著名培训顾问瓦莱丽·皮尔斯总结的思考方法，主要应用于和别人辩论的过程中。十根思考棒可以让你时刻保持清醒的头脑，坚持自己的目标，摆脱别人的控制。因此这种思考方法又被称为控制与反控制的敏捷思考法。无论是在生活中,还是在工作会议中,总是有人企图通过控制你的情绪转移你的注意力,一不小心你就会掉进陷阱,远离自己的目标。十根思考棒可以帮你识破别人的花招,时刻保持冷静——冷静的头脑才能进行有效的思考。

开动你的脑筋

有3个水壶。最大的水壶中装满了水,有8升水。第二个水壶是空的,能盛5升水。第三个水壶也是空的,能盛3升水。你的任务是使第一个水壶中有4升水,第二个水壶中有4升水。你该怎样做呢?需要多少步呢?(答案见附录)

8升　　　5升　　　3升

第二章

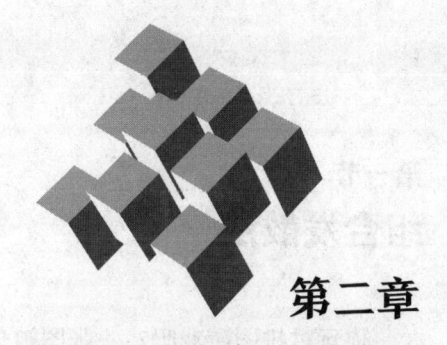

发散性思考法:
思路越广,方法越多

第一节
组合发散法

你玩过拼图游戏吗？一张图被分割成很多小块儿，你需要把那些小块儿拼凑起来，组合成一张完整的画面。我们的大脑在思考一个问题的时候，也是通过逻辑思维将与思考问题相关的各种因素组合起来，运用综合我们可以进行发明创造，运用分析我们可以全面地、完整地考虑一件事。

组合发散法，顾名思义就是将不同的事物组合起来，从而创造出新的事物的一种思考方法。发散的方向应该是全方位的，包括正向、逆向、纵向、横向，必要时还要进行三维立体思维、多维空间思维的发散。

组合发散法是发散性思考法的一种，虽然强调发散，但是并不是没有原则地漫天撒网。就像玩拼图游戏一样，如果忽略事物之间的逻辑关系，就不能组合成一张完整的图。我们想到的事物必须属于一个系统，可以构成一张"图"。因此在进行组合发散的时候要考虑事物的价值，对事物进行选择。

"组合"并不是把两个事物生搬硬套地放在一起，而是按照事物之间的内在联系，把它们有机地结合起来，就像玩拼图游戏的时候，那些小块儿必须环环相扣才能展现出一张完整的画面。我们需要对组合对象进行深入研究，把握各个部分之间的联系，从中总结出规律，然后把它们综合起来。

组合发散法有两方面的意义，一方面可以帮助我们创造新事物；另一方面可以帮助我们全面地了解一件事情。

很多发明创造都运用了这种思考方法，把两种或多种事物组合起来就产生了一种新的事物。

现在市面上有各种各样的铅笔，人们使用起来非常方便。然而在最初的时候，人们是使用光秃秃的石墨写字的。石墨容易断，写字的人总是弄得满手黑。后来，德国纽伦堡的一位木匠把石墨和木条组合起来，形成了现代铅笔的雏形。1662年，弗雷德里克·施泰德勒根据这个原理开办了第一家铅笔工厂，他将细石墨放入带槽的木条，然后用另一根涂了胶的木条把石墨笔芯夹在中间，再将笔杆加工成圆柱形或者八棱柱形。

1858年，美国费城有一位名叫海曼·利普曼的画家对铅笔进行了又一次改进——在铅笔顶端粘上一块小橡皮，再用金属片把小橡皮固定在铅笔上。这是对组合发散的简单运用，然而就是这样一个简单的组合，海曼·利普曼却为此申请了一项专利，后来以55万美元的价格卖给了一家铅笔公司。

许多事物都可以根据一定的原则组合起来：不同功能的事物组合起来就具有了多种功能，比如手机和数码相机组合起来就成了有拍照功能的手机；不同材料可以进行组合，从而获得新的材料，比如诺贝尔把容易爆炸的液体硝化甘油和硅藻土组合起来发明了固体的易于运输的炸药；不同的颜色、形状和味道可以进行组合，比如几种不同的酒混合在一起，形成口味独特的鸡尾酒；不同领域不同性能的事物之间可以进行组合，比如台历和温度计的组合。

当我们考虑一个复杂问题的时候，常常有所遗漏，不可能面面俱到。运用组合发散法我们可以将问题拆分开，从各个角度详细分析之后再重新组合起来，这样我们就能得出一个客观的结论。

这种分析问题的方法适用于拥有多方意见的问题。偏听偏信就会做出错误的结论——运用组合发散的思考方法，我们就能做出客观公正的评判。

注意事项

1. 运用组合发散法的时候要尽可能地扩展思路，不能局限于某一事物或事物的某一方面，而应该从多角度、多层面来寻找组合对象。

2. 进行组合发散法思考时要把握好组合对象之间的联系，只有把两个或多个事物巧妙地联系起来，才能发挥组合的作用，只有找到事物之间的联系，才能很好地把握问题的全貌。

3. 运用组合发散法分析问题的时候，每次应只考虑一个角色的想法，并完全站在那个角度进行思考，摒除其他思考角度的干扰。

第二节
辐射发散法

辐射发散法是指从一个中心点出发，向四面八方扩散，把中心点和各种事物联系起来，从而产生新的主意。这种思维方法是美国心理学家吉尔福特提出来的，要求思考者在寻找解决问题的方案时向更多的方向思考，从不同视角、不同侧面探索解决问题的方法。

顾名思义，这种思维方法就像自行车的辐条一样以车轴为中心向各个方向辐射。

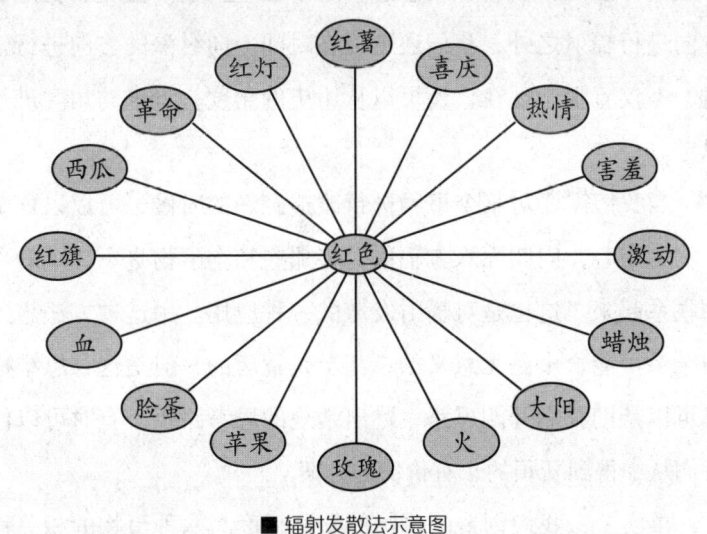

■ 辐射发散法示意图

我们可以用辐射发散法扩展一项技术的应用领域，使它在更广阔的范围内发挥作用。比如，我们围绕"电"进行辐射发散，可以想到电灯、电扇、电视、电脑、电磁炉、电动机、电饭锅、电热毯，等等。我们还可以把一项新技术作为辐射中心，将它与各种传统技术和常见事物结合起来，创造出新的技术。

运用辐射发散法思考，我们首先要确定一个中心点，即要有一个明确的需要解决的问题，然后围绕这个问题向各个方向做辐射状的积极思考，尽可能多地寻找解决方案。在思考过程中，我们要突破点、线、面的限制，多角度、多层次、多方位、多关系地思考，尽可能地拓展思维空间，不拘一格地提出新观念、新方法、新概念、新思想。除了在空间上向更宽、更广的方向进行辐射之外，我们还可以在时间上向纵深的方向进行辐射，不仅着眼于现在，还可以从历史的角度、未来的角度进行思考。

当我们需要对某个事物进行改造翻新的时候，可以以这个事物为中心，向四面八方辐射，将那些和本事物毫不相干的事物联系起来。这也是对辐射发散的一种应用。用这种方法想到的结果可能大多是无意义的，甚至是荒唐的，但是这种思维模式可以帮助我们开阔思路，跳出常规的思考路径，有时可以使我们从中得到新颖的、有价值的方案。

事实上，我们创造的事物的新颖程度与两种事物的相关程度成反比,即越是不相关的两种事物,越能产生更新的事物。1942年,瑞典天文物理学家卜茨维基在这个理论的基础上提出了形态分析法,我们可以把它看作辐射发散法的一种。具体做法是:将课题分解为若干相互独立的因素,然后从各个因素的角度进行辐射思考,找出实现各个因素的材料或方法,最后对这些材料或方法进行排列组合,找出最佳方案。比如,我们要研究一种有效的广告形式,首先提取出要考虑的因素:吸引人的、形象宣传、可信的、给消费者带来好处,然后运用辐射发散引出满足各因素的方法。

吸引人的:显眼的位置、大的、闪亮的、出乎意料的、惊奇、频繁出现的……

形象宣传:好看的、高质量的、迷人的、优雅的、完美的……

可信的:诚实的、权威的、官方的、获得认可的……

给消费者带来好处:折扣、回报、承诺、实惠……

由以上这些,我们可以想到在商场搞庆典活动,在显眼的位置展示信息达到吸引眼球的效果,并塑造良好的企业形象和产品形象;在活动现场举办由公证处公正的抽奖活动可以体现出权威性和诚实可信,并给消费者带来好处。

辐射的目的是获得尽可能多的备选答案,我们想到的思路越多,所产生的设想就会越新颖。通过辐射发散思考,我们能够得到很多设想,其中有新颖独特的想法,也有常规的想法;有优秀的创意,也有拙劣的创意;有操作性强的方案,也有不可行的方案。我们需要从中挑选出最合适、最有效、最便捷、最符合我们需要的解决问题的方案，因此在辐射发散之后，还要有一个筛选的过程。

这种思考方法在集体思考中的应用非常广泛，比如在各种创意征集活动中的应用。2008年奥运吉祥物"福娃"的创作的前期过程就是运用辐射发散思考的一个典型案例。

北京奥运会组委会从2004年8月5日开始向全世界征集奥运吉祥物设计方案，截至12月1日收到了上万件作品。其中有效参赛作品662件，中国内地作品611件，占总数的92.3%；港澳台作品12件，占总数的1.8%；国外作品39件，占总数的5.9%。

参选作品收集上来之后，文化艺术领域的专家学者对众多作品进行了评选，先从662件作品中挑选出了56件作品，然后由10名中外专家组成的推荐评选委员会进行评选，最后把大熊猫、老虎、龙、孙悟空、拨浪鼓和阿福作为吉祥物的修改方向。在此基础上，由评选委员会推荐成立的修改小组组长、著名艺术家韩美林完成了吉祥物方案的设计。

对于个人来说，在进行辐射发散思考的时候，最好先对自己的思考方向进行分类，然后沿着不同的方向进行思考，这种分类的方法比漫无目的地辐射更有系统性，可以得到更全面的辐射点。相反的，也许可以想到很多方面，但是没有逻辑、没有系统，因此很容易忽略掉一些东西。

比如：尽可能多地写出砖头的用途。你想到了多少种答案呢？你可能会想到盖房子、砌围墙、建桥梁、铺路、做棋子、当磨刀石、当画笔……如果先确定几个思考的方向，然后分别沿着每个方向进行辐射发散，就能够得到更多的答案了。我们可以把砖头的用途分为：建筑类、游戏类、生活类、艺术类、科学类等几个大的方向，如果想到一些无法归类的用途，则归入其他类。

建筑类：盖房子、砌围墙、建桥梁、铺路、垒灶台、垒烟囱……

游戏类：当棋子、当球门、当道具、做积木、丢砖游戏、气功表演、当多米诺骨牌……

生活类：当磨刀石、当板凳、当枕头、当秤砣、当垫脚石、堵烟囱、堵鼠洞、当锤子……

艺术类：当画笔、当绘画颜料、当雕塑原料、当乐器、做首饰……

科学类：航天研究材料、化学实验材料、测量压力和重力、做模具、做机器零件……

其他类：卖钱、自卫武器、爱情见证物、做标记……

显而易见，用这种分类的方法可以更加全面地分析问题。

开动你的脑筋

这里有两组齿轮，请按箭头的指示方向转动每组的第一个齿轮，判断第一组齿轮上的两个水桶会上升还是下降，以及第

二组最后一个齿轮的转动方向是顺时针还是逆时针。(答案见附录)

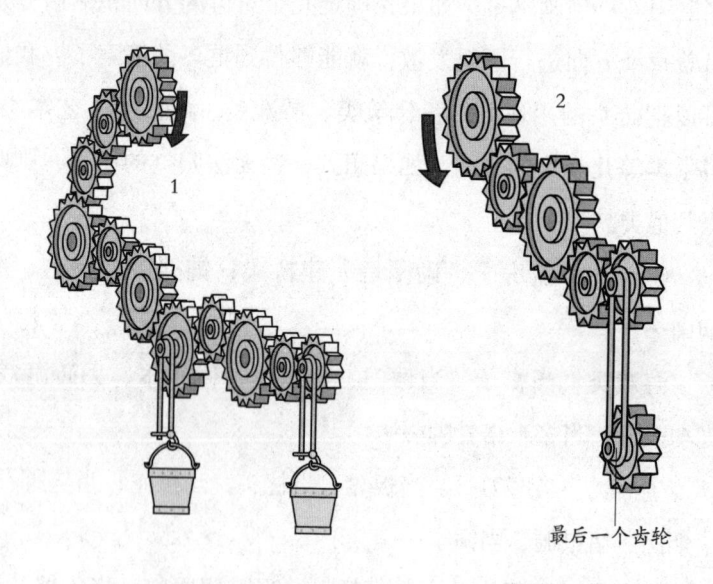

最后一个齿轮

第三节
因果发散法

事物之间普遍存在着因果联系：下雨导致地面湿；"春种一粒粟"导致"秋收万担粮"；勤奋学习就能考上好大学；助人为乐就会有好人缘……

我们举的这几个例子好像具有显而易见的因果关系。但是事实上无论是在自然界还是在人类社会中，因果关系并不是如此清晰明了地一一对应的。一个原因可以导致多种结果，一个结果可能是由多种原因引起的。比如：下雨仅仅导致地面湿吗？还会带来别的结果吗？"地面湿"一定是下雨引起的吗？还有别的原因吗？请看下面的图示。

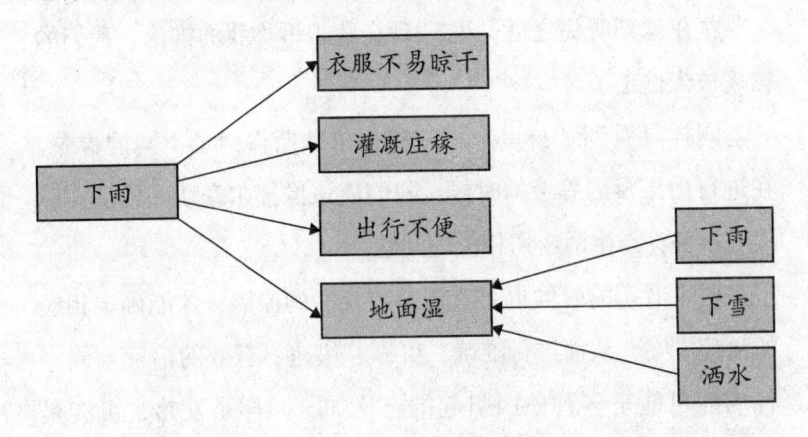

```
                 ┌─衣服不易晾干
                 │
                 ├─灌溉庄稼
   下雨 ─────────┤
                 ├─出行不便
                 │                    ┌─下雨
                 └─地面湿 ←───────────┼─下雪
                                      └─洒水
```

因果发散法就是让我们以事物发展的原因或结果为中心点，进行发散思考，从而找到导致某一现象的原因或者某一现象可能引起的结果。由果及因的发散思考在解决复杂问题的时候比较常见，只有找到问题的症结所在，才能找到解决问题的有效方案，比如，侦探在破案的时候就要以案发结果为中心点进行发散思考，由果溯因推断导致案件的可能的原因，然后运用推理排除种种可能，剩下的一种可能就是答案了。

我们来看看下面这个小笑话。

有一次，福尔摩斯和华生去野营，他们在星空下搭起了帐篷，然后很快就睡着了。半夜，福尔摩斯把华生叫醒，对他说：

"抬头看看那些星星吧,然后把推论告诉我。"华生想了想说:"宇宙中有千百万颗星星,即使只有少数恒星有星星环绕,也很可能有一些和地球相似的行星,在那些和地球相似的行星上很可能存在生命。"

福尔摩斯听完之后,说:"现在我告诉你我的推论,我们的帐篷被人偷走了。"

同样是看到了星星,华生和福尔摩斯得到了不同的推论。在进行由果及因思考的时候,我们应该像福尔摩斯一样从实际出发,关注与生活密切相关的问题。

医生看病的时候也要弄清导致疾病的原因,才能确定相应的治疗方案,从而进行准确、可靠、快速、有效的治疗。同一种病症可能是多种原因引起的,比如,同样是发热,可能是病原体引起的感染,可能是肿瘤或结核病引起的,还有可能是大手术后人体内组织重生引起的。医生常常询问病人一些问题,为的就是排除其他的可能性,确定引起疾病的原因,然后对症下药。

我们在处理生活中的问题的时候,同样可以采取这种由果及因的方法推导出引发某一现象的原因。这种思维方法还有助于我们总结失败的教训,比如,考试失败了,我们运用因果发散思考法想想可能是哪些原因导致了失败:没有记住知识,没有掌握解题方法,做题的时候粗心大意,考试的时候紧张……然后,对照自己的实际情况排除那些不相符的原因,就会找到导致失败的真正原因。下次考试的时候克服掉这个原因就能避免失败了。

除了由果及因的发散思考,我们还应该进行由因及果的发散思考,这种思考方法可以预测事情未来的发展方向,避免盲目性。比如,当我们在实施一项计划之前,就要全面地考虑这项计划会产生什么影响,不仅要考虑有利的影响,还要考虑不利的影响;不仅要考虑对自身的影响,还要考虑对竞争者的影响。经过多方发散,才能得出全面的预测,避免盲目行事。

我们得到一些新颖独特的解决问题的方案,这些方案具有可行性吗?会带来什么结果呢?这时就可以通过由因及果的发散思考法预测一下那些方案能否帮我们解决问题。当我们需要做出影响人生发展方向和前途的决定的时候,更要考虑这个决定会给自己造成哪些影响,然后权衡利弊做出明智的选择。

这是一种很实用的思考方法,当你为一件事犹豫不决的时候,就可以用由因及果的思考方法考查一下有哪些理由在支持你做或不做。比如:

一个南方女孩和一个北方男孩相爱了。有一天晚上,男孩向女孩求婚。女孩有点不知所措,她说:"让我想想。"她回家后拿出一张纸,左边写上"不嫁",右边写上"嫁"。在不嫁的那一栏,她写下:

1. 他工作不稳定,收入不高。
2. 南北方生活习惯差异大,将来会有麻烦。

3. 他学历不高。

4. 他家在农村。

5. 他有体弱多病的母亲和上学的妹妹,家庭重担由他一个人承担。

……

在右边那一栏,她写下了一个字——爱。

她反复思索,把左边的理由一条条划去,把右边的理由一遍遍加深,于是她确定了自己的选择。

在训练发散思维的时候,我们可以设置一个事件,然后对这个事件可能引起的结果进行推测。这种由因及果的推测在实际操作中,往往能够引发新的创意。比如:

我们假设世界上没有老鼠,会出现什么结果呢?

世界上少了一种动物;可以减少粮食损失;不会发生鼠疫;孩子们不认识童话中出现的老鼠;猫和猫头鹰没有了食物可能会灭绝;生态平衡遭到破坏,可能会给自然界带来巨大的灾难……

如果人不需要睡眠会引发什么结果呢?

24小时营业场所增加;安眠药和床的销售量会降低;人们的知识会成倍增加;节约劳动力;能源消耗增加;人们会更加孤独寂寞;犯罪率会上升;会出现更多的游戏和娱乐设施供人们打发时间;工作时间会延长……

开动你的脑筋

请做下面几个脑筋急转弯:

1. 一个人居然有两颗心脏,而且两颗心脏都很正常。这是怎么回事?

2. 福尔摩斯花了半天时间也查不出命案现场有任何线索,正当他一筹莫展的时候,谜团突然解开了。为什么?

3. 小王一边刷牙,一边吹口哨。他是怎么做到的?(答案见附录)

第四节
关系发散法

甲乙两个人为一件事发生了争执,他们来到寺院让一个德高望重的老和尚评理。甲来到老和尚面前说了自己的一番道理,老和尚听后说:"你说得对。"接着,乙来到老和尚面前说了和甲的意见相反的另一番道理,老和尚听后说:"你说得对。"站在一旁的小和尚说:"师父,怎么两个人说的都对呢?要么甲对乙错,要么乙对甲错。"老和尚说:"你说得对。"

也许你觉得老和尚的话自相矛盾,但是真的存在绝对的对与错吗?很多事并非只有一种解释。从甲与这件事的关系来看,

■ 智力的三维结构模型

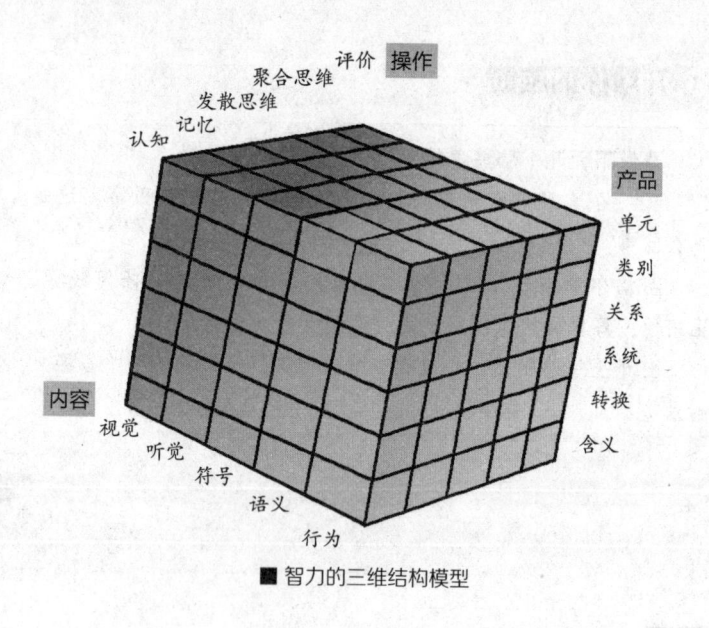

甲说的是对的；从乙与这件事的关系来看，乙说的是对的；从小和尚与这件事的关系来看，小和尚说的也是对的。

我们所处的这个世界是一个多元的、复杂的世界，我们所做的每一件事都有利有弊，对与错、好与坏就像一股黑线和一股白线相互交织，有时甚至紧密得难以分开。我们在观察和解释事物的时候，应该避免单一和僵化的解释，那样只会导致偏执一词、钻牛角尖，看不到事情的全貌。

要想在这个世界上从容地生存发展，就要运用关系发散法来思考问题，即从宏观的角度充分分析事物所处的复杂关系，并从中寻找相应的答案，得出客观全面的结论。人们常用"八面玲珑"来形容那些善于为人处事的人，这个词形象地体现了关系发散法的好处。

关系发散的另外一层意思是从另一个角度重新理解和解释事物之间的关系。很多时候我们习惯了事物之间的某种关系，于是把这种关系看作是亘古不变的，从来不试图改变。事实上，只要你愿意，完全可以对事物的关系做出另一番解释。

古时候，有一位秀才进京赶考，住进了一家客店。考试前一天他做了3个梦：在第一个梦里，他在墙上种白菜；在第二个梦里，他在下雨天戴了斗笠还打伞；在第三个梦里，他跟心爱的表妹脱光了衣服背靠着背躺在一起。

秀才觉得这3个梦似乎意味着什么，于是去找算命先生解梦。算命先生听了他的描述后连连摇头说："你还是回家吧！你想想，高墙上种菜不是白费劲吗？戴斗笠打雨伞不是多此一举吗？跟表妹脱光了躺在一张床上，却背靠背，不是没戏吗？"秀才听后觉得有道理，没心思考试了，回到客店收拾包袱准备回家。店老板觉得非常奇怪，问："不是明天才考试吗，你怎么今天就回乡了？"

秀才把解梦的事告诉了店老板，店老板听后笑了起来："我也会解梦的。我倒觉得，你这次一定要留下来。你想想，墙上种菜不是高中（种）吗？戴斗笠打伞不是说明你这次有备无患吗？跟你表妹脱光了背靠背躺在床上，不是说明你翻身的时候就要到了吗？"

秀才听后觉得更有道理，于是信心十足地参加了考试，结果中了探花。

在生活中，我们同样需要从不同的角度来解释两件事之间的关系。"塞翁失马，焉知非福"就是对关系发散的运用。"福兮祸之所倚，祸兮福之所伏"，丢了一匹马，并不仅仅给塞翁造成损失，有可能还会带来好处，虽然那好处没立刻显现出来，但是通过关系发散法塞翁预测到了可能的好处。

此外，关系发散法在数学题中的应用也很广泛。

在一节思维培训课上，一个小学一年级的数学教师向思维培训师请教如何教孩子们练习发散思维。思维培训师在黑板上写了一道算术题：

2+3= ？

然后，他说："这是小学一年级常见的计算题，只有唯一的答案，对就是对，错就是错。这会让孩子们养成寻找一个答案的思维习惯，导致思维的扁平化，遇到问题时缺乏寻找多种答案的意识和能力。虽然大部分数学题是一题一解的，但是我们可以运用关系发散法来改变出题的方式。"接着，他在黑板上写下了这道题：

5= ？+？

那个数学老师一下子醒悟过来，显然学生在计算这道题的时候思维是发散的，而计算前一道题的时候思维是封闭的。

思维培训师对等式两边的关系进行了发散处理，把已知变未知，把未知变已知，从由分求和到由和求分。有人把这种发散方法称为"分合发散"。曹冲称象的方法就是对分合发散的运用。

三国时，孙权送给曹操一头大象。曹操很高兴，问他的谋士们："谁有办法称一称它的重量？"有人说造一个巨型的秤，有人说把大象宰了切成块。这时曹冲说："我有办法。"他让众人跟他来到河边，叫人把大象牵到一条大船上，等船身稳定了，在船舷上齐水面的地方刻了一条线做标记。然后，他让人把大象牵到岸上，把岸边的石头一块一块地往船上装，船身就一点一点往下沉。等船身沉到刻的那条线时，曹冲就叫人停止装石头。接下来，大家都知道怎么办了吧？称一称船上石头的重量就知道大象有多重了。

在这个例子中曹冲巧妙地把大象和石头联系起来，把难于称量的大象的重量分解为容易称的石头的重量，使问题迎刃而解。与此类似的还有西汉时期的孙宝称橄子的故事。

一个农夫撞倒了卖橄子的小贩，橄子掉在地上全摔碎了。农夫愿意赔偿50个橄子的价钱，但是小贩坚持说他有300个橄子，二人僵持不下。这时，担任京兆尹的孙宝路过，他让人把地上的碎橄子收集起来称出重量，然后买来一个橄子称出一个橄子的重量，两数相除计算出橄子的个数。农夫和小贩都心服口服，农夫按照橄子的数目赔钱给了小贩。

这同样是对关系发散法的应用，孙宝同时考虑了整体与个体，数量与重量的关系。橄子虽然碎了，但总重量不会变，每个儆子的重量都差不多，用总重量除以单个儆子的重量，就得出了数量。

开动你的脑筋

你是谁？尽可能多地说出你与周围人和事物的关系。

_____
_____
_____
_____
_____

第五节
头脑风暴法

　　头脑风暴法是被誉为创造学之父的美国人亚历克斯·奥斯本提出来的，是一种激发集体智慧、提出创新设想、为一个特定问题找到解决方法的会议技巧。奥斯本曾这样表达头脑风暴的意义："让头脑卷起风暴，在智力激励中开展创造。"

　　美国北部常下暴雪，有一年雪下得特别大，冰雪积压在电线上导致很多电线被压断，严重影响了通信。电讯公司想尽办法也没能解决这一问题。后来，电讯公司经理召集不同专业的技术人员举行了一次头脑风暴座谈会。

会议上，大家提出了不少奇思妙想：有人提议设计一种电线清雪机；有人提议提高电线温度使冰雪融化；有人提议使电线保持振动把积雪抖落。这些想法虽然不错，但是研究周期长，不能马上解决问题。还有人提出乘坐直升机用扫帚扫雪，这个想法虽然滑稽可笑，但是有一个工程师沿着这个思路继续思考，想到用直升机的螺旋桨将积雪扇落，他马上把这个想法提了出来。这个设想又引起其他与会者的联想，人们又想出七八条用飞机除雪的方案。

会后，专家对各种设想进行分类论证，一致认为用直升机除雪既简单又有效。现场试验之后，发现用直升机除雪真的很奏效。就这样，一个困扰电讯公司很久的难题在头脑风暴会议中得到了解决。

俗话说："三个臭皮匠，顶一个诸葛亮。"当我们面对复杂的问题时，靠一个人冥思苦想很难解决问题，在会议上大家提出的想法可以互相激励，互相补充，从而产生出新创意和新方法。但是，并非所有的会议模式都能让人们打开思路、畅所欲言。奥斯本找到了一种能够实现信息刺激和信息增值的会议模式，在企业进行发明创造和提出合理化建议方面效果显著。他提出头脑风暴法之后，这种方法很快就在美国得到了推广，随后日本等国也相继效仿。

头脑风暴会议的意义在于集思广益，为了保证头脑风暴法发挥作用，奥斯本要求与会人员务必严格遵守4个原则。

第一，自由设想。与会者要解放思想、开拓思路、无拘无束地寻求解决问题的方案。鼓励与会者提出独特新颖的设想，因此与会者要畅所欲言，不要担心自己的想法是错误的、荒谬的、不可行的或者离经叛道的。

在平常的会议中，我们力求让自己提出的建议和想法符合逻辑，因为我们总希望自己的建议得到别人的认可，而不会提出一个连自己都不能自圆其说的想法，这就错过了很多潜在的解决问题的方法。头脑风暴会议就是要求我们天马行空地思考，无所顾忌地表达，让那些潜藏的方案显露出来。

第二，延迟评判。不要在会上对别人提出的设想进行评论，以免妨碍与会者畅所欲言。对设想的评判要在会后由专人负责处理。

在平常的会议中，大家总喜欢用批判的态度对待别人提出的一些想法，挑毛病是很容易的事，然而这种批判的态度使很多优秀的设想被扼杀在萌芽之中。比如，在美国电讯公司的会议中，当有人提出"乘坐直升机用扫帚扫雪"之后，如果有人说"这个想法太离谱了"，那么就不会有后面的"用螺旋桨除雪"的设想。

第三，追求数量。与会者要运用发散思维尽可能多地提出设想，数量越多就越有可能产生高水平的设想。

日本松下公司鼓励职工运用头脑风暴法提出改进技术、改进管理的新设想，在1979年一年内便产生了17万个新设想。

公司从如此多的设想中选出优秀的、有建设性的设想应用在设计和管理领域，使生产经营水平不断提高。

第四，引申综合。在别人提出设想之后，受到启发产生新的设想，或者把已有的两个或多个设想综合起来产生一个更完善的设想。

人们常常把合作的好处比作 1+1 > 2，英国剧作家萧伯纳就曾说过："如果你有一种思想，我也有一种思想，我们彼此交流这种思想，我们每个人将各有两种思想。"头脑风暴法并不仅仅是把各自的想法罗列出来，它还有一个激荡的过程，一个想法催生另一个想法从而得到更多更好的想法。有交流、有发展才有创新。

头脑风暴的效果显而易见，因此在世界各国受到了普遍欢迎。并且各国在不断应用中对头脑风暴法进行了创新和发展，以适应不同团体的需要。在这里我们介绍美国、德国和日本的3种典型的头脑风暴法。

1. 美国的逆向头脑风暴法。这是美国热点公司对头脑风暴法的发展，其特点是不但不禁止批判，反而重视批判，旨在通过批判使设想更完善。这种方法与美国人那种自由、开放的性格相适应。需要注意的是要防止因为批判而导致大家不愿意提出荒谬的设想。

2. 德国的默写式头脑风暴法。这是德国学者鲁尔巴赫根据德国人惯于沉思和书面表达的特点而创造的会议方法。其特点是每次会议由6个人参加,每个人在5分钟之内提出3个设想,因此这种方法又叫"635"法。主持人宣布议题之后,发给每个人一张卡片,卡片上有3个编码,编码之间有一定的空余,为的是让别人填写新的设想。在第一个5分钟内,每个人在卡片上填上3个设想,然后传给下一个人;在下一个5分钟内,大家从上一个人的设想中受到启发,填上3个新的设想。这样传递半个小时之后,可以产生108个设想。

3. 日本的NBS头脑风暴法。这是日本广播公司对头脑风暴法的发展,是一种事务性较强的方法。具体做法是主持人在会议召开之前公布议题,并发给与会者一些卡片,要求每个人提5条以上的设想,每一条设想写在一张卡片上。会议开始后,与会人员逐一出示自己的卡片并发言。当别人发言的时候,听众如果产生了新的设想,就把设想写在备用的卡片上。发言完毕之后,主持人收集卡片并按内容分类,然后在会议中讨论、评价,选出解决问题的方法。

头脑风暴法作为一种激励集体进行创新思维的方法在企业和设计性团体中得到了广泛的应用。此外,这种方法在日常生活中也很实用,比如,在学校,老师可以组织头脑风暴会议,让学生们讨论如何提高学习成绩,如何丰富课外生活等问题。家庭成员也可以召开小型的头脑风暴会议,讨论如何度过周末,如何使晚餐更丰盛等问题。并且,在日常生活中的训练还可以逐渐提高我们的发散性思考的能力。

注意事项

1. 在进行头脑风暴会议之前,先申明会议的主旨,强调不可取笑别人离奇的想法。否则,会打击与会者的积极性。

2. 在某种特殊的议题上,可通过匿名的方式收集意见和建议,以此维护"想法"的提出者。

3. 对所收到的提议进行周全的评判,切不可迅速地否定一个提议。

第六节
特性发散法

我国学者杜永平在《创新思维与创作技法》一书中提出了特性发散的思维方法,所谓特性发散是指用发散思维看待事物的特性,事物的每一个现象、每一种形态、每一个性质都可能给我们带来帮助,引发出不同的用途。

当年,李维斯和很多年轻人一样投入到了西部淘金的热潮之中。在前往西部的路途中,有一条大河挡住了去路,人们纷纷向上游或下游绕道而行,也有人打道回府。李维斯对自己说:"凡事的发生必有助于我。这是一次机会!"他想到了一个绝妙的创业主意——摆渡。很快,他就积累了一笔财富。

后来摆渡的生意十分冷淡,他决定继续前往西部淘金。到了西部,他发现那里气候干燥、水源奇缺,人们纷纷抱怨:"谁给我一壶水喝,我情愿给他一块金币。"李维斯又告诉自己:"凡事的发生必有助于我。这是一个机会!"他又看到了商机,做起了卖水的生意。渐渐地,卖水的人越来越多,没有利润可图了。

这时,他发现淘金者的衣服都是破破烂烂的,而西部到处都有废弃的帐篷。李维斯再次告诉自己:"凡事的发生必有助于我。这是一次机会!"由此他又想到一个好主意——用那些废弃的帐篷缝制衣服。他缝成了世界上第一条牛仔裤!后来,李维斯终于成了举世闻名的"牛仔大王"。

在李维斯的事业发展过程中,他多次用到了特性发散的思维方法。大河可以挡住人们的去路,同时也给人们提供了摆渡的机会;干燥的气候导致人们口渴难耐,但是也给人们提供了卖水的机会;在淘金的过程中衣服被磨得破破烂烂,这给人们提供了一个发明结实衣服的机会。只有那些善于运用特性发散思考法的人,才能看到隐藏在现象背后的机会,从而利用机会制造商机。

当我们在思考一个问题的时候,要考虑思考对象的特性和思考对象与哪些别的因素有必然的联系,从中寻找解决问题的新途径。特性发散思考法还要求我们增加看问题的视角,找到思考对象的更多特性。下面这个例子也体现了对特性发散思考法的运用。

第二次世界大战结束后,战胜国决定成立一个处理世界事务的联合国。第一个问题就是购买可以建立联合国总部的土地,对刚成立的联合国来说,很难筹集大笔资金。美国石油大王洛克菲勒之子小洛克菲勒听说了这件事后,出资 870 万美元买下纽约的一块地皮,并无偿地捐赠给联合国。有人赞叹小洛克菲勒的义举,有人对此表示无法理解。事实上,小洛克菲勒另有打算。

随着联合国的作用越来越重要,周围的地价随即飙升起来。当初小洛克菲勒在买下捐赠给联合国的那块地皮时,也买下了与其相连的许多地皮。没有人能够计算出洛克菲勒家族在后来获得了多少个 870 万美元。

小洛克菲勒之所以敢进行大胆的投资,是因为他已经看到了潜在的好处。联合国购买土地作为办公地址,这件事不是孤立的,必然会带来一系列其他的影响。运用特性发散法思考问题,可以帮我们预测隐藏在某一事件中的潜在机遇。所以,每当我们遇到一个新现象或发现一个新事物的时候就要问问自己:

它有什么用?它能用在什么地方?

或者,我们可以像李维斯那样对自己说:

凡事的发生必有助于我。这是一个机会!

我们习惯于认为很多事跟自己没关系。"事不关己,高高挂起"是一种不良的思维习惯,那样做只能使我们的思路局限在已有的范围之内,得不到拓展。特性发散思考法就是要我们打破这种思维惯性,从任何看似与我们无关的事物中寻找可能存在的价值。为了强化特性发散思维,我们可以在平时进行这样

的思考训练,比如:

温度计测量温度的特性在什么情况下有用?测量室内温度、生病后测量体温、出游之前考虑目的地的温度、农民考虑适合植物生长的温度、养殖场考虑适合动物生存的温度、衬衫厂商根据气温变化决定生产长袖还是短袖……

熟练掌握特性发散法,可以使更多的东西为我所用。比如,废纸盒可以用来放 CD,花哨的塑料包装可以用来制作精美的贺卡,饮料瓶可以当作花瓶……

开动你的脑筋

下面是一个特性填词表:

高大	积极	绿色	浪漫	小巧
沉重	结实	坦荡	热烈	灵活
混乱	正式	芳香	贵重	零散
丰满	危险	冷寂	漂亮	振奋

这些词都是描述事物某种特性的形容词,进行训练的时候,需要从中选取一个特性,然后列举出有这种特性的事物,说得越多越好。比如,能够用高大描述的事物有:山、树、楼房、电线杆、人的身材、人的品格……

经过一段时间的训练之后,我们还可以增加训练的难度,从表格中挑选两个特性,然后列举出可以同时用两个特性描述的事物。

当这些词用过一遍之后,你还可以自己制作另外一个填词表,填上你随机选取的形容词。

第三章

六顶思考帽思考法：

多角度思考，综合评估

第一节
6种不同颜色的思考帽

也许你有过这样的经历,思考一件事情的解决方法时,思绪变得像一团乱麻一样理不清。如果我们企图在同一时间内做太多的事情就会遇到这样的问题,我们需要客观理性地收集并分析信息资料,但是又会受自身的感觉和情绪的影响,我们在追求利益的同时还得考虑不利的一面,既要开拓创新又得小心谨慎,是跟随群众领袖还是自己孤身前往……这些会让我们分散精力,使我们的思维陷入混乱的状态,而混乱是思考最大的敌人。

就像我们不能在同一时刻对来自不同方向的攻击做出敏锐的反应一样,我们也不能在同一时刻对一个复杂问题的各个方面进行清晰、有效的思考。在团体中由于每个人看问题的角度不同,大家各执一词,容易引起毫无建设性的争论,很难得出一致的结论。针对这个问题,被誉为"创新思维之父"的爱德华·德·波诺博士提出了著名的"六项思考帽"。这种独特的思考方法作为政府、企业和个人的决策指南受到了广泛的推广和肯定，在微软、杜邦、IBM、麦当劳、可口可乐、通用等著名的企业中得到了成功的应用。

爱德华·德·波诺用6种颜色的思考帽来代表6种思考问题的角度，每一种颜色都会引起人们的一种联想，颜色给我们的印象对应着一种思考问题的角度。

六顶思考帽	颜色联想	思考角度
白色思考帽	中性和客观	搜索并展示客观的事实和数据
红色思考帽	直觉和情绪	表达对事物的感性的看法
黑色思考帽	冷静和严肃	用小心谨慎的态度指出任一观点的风险所在
黄色思考帽	希望和价值	用乐观积极的态度指出任一观点的价值所在
绿色思考帽	活跃和生机	运用创新思维提出新观点
蓝色思考帽	理性和沉稳	对整个思考过程和其他思考帽的控制和组织

6种思考角度是我们在处理任何问题时都要用到的，但是如果我们同时考虑这6个问题就会手忙脚乱，顾此失彼。"六顶思考帽"要求我们在同一时间只做一件事，从一个角度进行思考就容易多了。我们想知道某件事的相关信息，那么就戴上白色思考帽；我们想表达自己对那件事的感性的看法，那么就戴上红色思考帽；我们想找出事情的潜在危险，那么就戴上黑色

思考帽；我们想知道事情有哪些价值，那么就戴上黄色思考帽；我们想寻找新的思路和解决问题的新方法，那么就戴上绿色思考帽；最后，我们戴上蓝色思考帽从宏观上来把握各种因素，就对我们要处理的事情有了公正的看法，从而做出正确的决断。

也许你已经看出来了，6顶思考帽可以分为3对：白色和红色，黑色和黄色，绿色和蓝色。这两两对立的3对思考问题的方向可以把问题考虑得很周全，并且达到了相互平衡的效果。当我们在使用黑色思考帽的时候可以毫无顾忌地提出种种不利因素，不要担心会把事情弄糟，因为有黄色思考帽来平衡那些不利，最后还有蓝色思考帽做出公正的裁决。

这种模式的思考方法在研讨会上非常有效，它要求在会议中的任一时刻，每个人都戴上同一种颜色的思考帽，从同一个角度来看待问题。每个人都朝着同一个方向努力，这样就可以把团队所有人的知识、经验和智慧集中起来，发挥最大的效力。这种思考方法可以避免人们像盲人摸象一样只看到问题的一个方面就固执己见，和别人发生不必要的争执，浪费时间还解决不了问题。实践证明，六项思考帽思考法可以节省一半以上的会议时间。

案例：如何看待超市对购物袋收费这件事？

白色思考帽

据2006年的数据显示，超市行业包装袋的年消耗额高达50亿元。一家营业面积在8000平方米左右的大型综合超市每年用 40 万元购买购物袋。

据 2007 年的数据显示，北京市的塑料袋的年使用量达 51.95 亿个，重达 1.7 万吨。相关测算表明，如果有偿使用，超市购物袋使用量将下降一半以上。

塑料袋的材料是聚乙烯，甚至两三百年也不会降解完全，并且会不断散发有毒气体。

环境与发展研究所进行的民意调查显示，将近 99% 的被调查者认为，人们应该减少使用塑料袋以减少白色污染。65% 以上的人同意对塑料袋的使用收费或上税。

据 2003 年数据显示，已实施了"有偿使用塑料袋"的麦德龙超市的顾客中，购买塑料袋的约占 8%。

很多超市把顾客的商品进行分类包装，一次购物往往会用三四个塑料袋。极少数的顾客自备购物袋。

红色思考帽

超市真的关心环保吗？他们为了赚钱。

每个塑料袋收费 2 角，太贵了。

我不觉得塑料袋会污染环境，媒体宣传得太夸张了。

我已经习惯免费的购物袋了，接受不了。

我宁可花钱，也要用塑料袋。

黑色思考帽

不用塑料袋不方便，用的话还要花钱，总之会有负面影响。

顾客会产生抵触心理。

超市会流失大量顾客。

黄色思考帽

促使人们自备购物袋，减少白色污染。

激发人们的环保意识。

可以让人们养成节约的习惯。

超市可以节省开支、增加利润。

绿色思考帽

超市应该免费提供可降解塑料袋或其他无污染的替代品。

超市为了鼓励顾客不用购物袋，可以回馈给那些自备购物袋的人几角钱。

超市应该销售可重复使用的布袋或纸袋。

蓝色思考帽

确定白色、红色、黑色、黄色、绿色这个讨论顺序，并规定每个思考帽使用时间为5分钟，可以适当延长。

每使用完一种思考帽之后做一个小总结。比如，戴上白色思考帽思考之后得出一个结论：塑料袋不但污染坏境，而且浪费钱财，大部分人赞成收费。

适时宣布更换思考帽。比如，当人们用太多时间使用红色思考帽的时候，应及时宣布摘下红色思考帽戴上黑色思考帽。

最后从宏观上分析议题：理智上大家都赞成收费以利于环保，但是情感上难以接受，超市应该以人为本，想想别的途径而不是用收费的方式来控制塑料袋的使用。

第二节
白色思考帽

白色思考帽的思考角度是搜集并展示客观的事实和数据。

戴上白色思考帽，我们的大脑就类似于一台电脑，搜索与某个问题相关的所有信息，然后把信息显示在屏幕上，不掺杂任何情感因素。想象一下，如果电脑也有感情，它对你提出的问题有一套自己的看法，并用事实和数据来支持它的观点与你进行争论，那将是多么恐怖的事啊！

我们应该客观地将事实摊在桌面上，中立地对待所有信息，排除个人感觉、印象等情绪化的判断。戴上白色思考帽的目的是获得纯粹的实情，而不是证明自己的观点，因此不要只选择对自己有利的信息，也不要害怕信息间发生冲突。

白色思考帽通常用于思考过程开始和结束的时候。当我们面对一个问题时，如果不了解相关信息，只能受过多的主观因素的影响，结论肯定会有偏颇。所以，思考问题的第一步就要用白色思考帽搜集信息，准备一个思考的背景。在思考过程结束的时候，我们可以用白色思考帽做一下评估，看看我们得出的结论与已有信息是否相符。

在你戴上白色思考帽之前，先问问自己，你是想证明自己的观点,还是想获得事实?这是律师和法官收集信息的不同出发点。律师们想尽办法证明自己的观点是正确的,他们只接受对自己有利的信息,排除对自己不利的信息;法官则采取中立的立场,收集投诉方和辩护方提供的所有信息,然后做出公正的裁决。我们戴上白色思考帽之后就要像法官一样公正,正面和反面的信息都要搜集。

用白色思考帽搜集信息不仅要全面,而且要丰富,大量的信息才有说服力。另外,利用白色思考帽搜索到的信息是我们进行归纳的前提,必须透过大量信息才能得出具有普遍意义的结论。使用白色思考帽的意义在于先绘制"地图",让到达目的地的路径自己显现出来。只有搜集到大量的信息,才能使地图完整、清晰地展示出来,人们才能清晰地看到自己该走的道路。

如果信息太多,我们就会湮没在信息里分不清主次,得不出结论。我们应该用集中式提问的方法获得所需要的信息,以填补资料的空缺。

哪些信息是至关重要的?

哪些信息是已知的?还需要哪些信息?

怎样获得我们所需要的信息?

这些问题是需要考虑的,否则我们就会眉毛胡子一把抓,得不到真正有价值的信息。

比如:如何看待允许在校大学生结婚?要解决这个问题,我们需要哪些方面的信息呢?在校大学生结婚的人数、已婚大学生的生活和学习状况、法律的相关规定、学校的相关规定、相关专家和社会大众对这一现象的看法、在校大学生对这个问题的看法、在校大学生中有多少人赞同或反对……

在会议上,我们需要把自己知道的信息表达出来,但是在表述客观的事实和数据的时候,往往会掺杂自己的主观看法,使信息失真。所以,在表述信息时,我们要注意避免对数据和事实进行解释。比如:

——调查显示,97%的学生表示即使有了合适的对象,在校期间也不会结婚,因为大学生结婚的基础不稳固。

——请你戴上白色思考帽,事实是97%的学生表示即使有了合适的对象,在校期间也不会结婚,"结婚的基础不稳固"是你自己的观点。

也许有人会问,专家的意见和大学生的看法能算作客观的事实吗?用白色思考帽可以报告别人对事件的感受,这类似于法官听取陪审团的意见。关于这一点,爱德华·德·波诺建立了一个双层式的事实系统:第一层是被验证的事实,指的是可以被检验的事实和数据;第二层是被信仰的事实,指的是无法测量的别人的观点和情感。

被信仰的事实是有参考价值的,但是要与被验证的事实区分开。我们在搜集信息时可能会找到一些含糊的观点,比如有人想当然地认为"大学生结婚会影响学习"。这一点很重要,我们有必要继续寻找相关的信息来验证这种观点,把"被信仰的事实"提升为"被验证的事实"。

要想评价一个事件的真实性如何,我们需要按照真实程度对信息进行排列。

绝对真实

总是这样

一般情况下是这样

大多数时候是这样

半数是这样

有些时候是这样

偶尔会这样

有可能会这样

从来没有这种情况

不可能出现这种情况

白色思考帽并不是让我们只接受那些百分之百成立的事实,就整体而言,成立的信息也可以接受。假设我们发现"结婚的大学生中有80%的人成绩下降了",那么我们就可以得出结论"大学生结婚会影响学习"。

白色思考帽就是让我们中立、客观地搜集事实和数据。思考者只有保持客观的态度才能找到更多更有价值的信息,为以后的思考提供依据。

第三节
红色思考帽

红色思考帽的思考角度是表达对事物的感性的看法，它是反映情绪和直觉的思考。

人们通常认为情绪化的和非理性的表达会扰乱思考，优秀的思考者应该冷静地权衡利弊，而不能受情感的左右，所以在一些正式的商业会议里，人们总是避免表达自己的情绪和感情。但是，无论如何回避，人类还是有感性的一面，只是人们把它伪装在了逻辑的里面。红色思考帽给人们提供了"合法"地表达情绪、情感的机会，这种疏导比压抑更有利于解决问题。

事实上，情绪是大脑正常运转的需要，是思考的一部分，任何思考都不能摆脱情绪的影响。情绪对思考的影响表现在3个方面。

1. 强烈的背景情绪会左右我们的思考。比如喜爱、怨恨、愤怒、恐惧、怀疑、嫉妒，等等。这些强烈的情感会蒙蔽我们的眼睛，使我们很难做出公正的判断。戴上红色思考帽把这些情感表达出来，就可以让我们认识到自己现在的观点可能在很大程度上会受到情绪的影响。比如：

——我讨厌这个人，讨厌和他相关的一切。

情感的表达可以让我们更清楚地认识到事实的真相。比如，你因为嫉妒一个人而反对他升迁，当你表达出嫉妒这种情感的时候，也就承认了"他确实做得很好"。当然了，你没有必要把自己的嫉妒情绪公之于众，你可以选择委婉的表达方式。比如：

——我戴上红色思考帽发言：我反对他升迁，可能是我不喜欢别人升迁那么快。

2. 人们常常带着一种情绪对某个问题做出毫无根据的判断。也许这只是一种误解，但人们却被这一判断束缚住，影响以后的思考。比如，你认为自己被某人欺骗了，你就会对他产生敌意，否定他的观点；如果你认为某人所说的一切都是为了自己的利益，那么你就会对他失去信任。用红色思考帽可以一开始就把这种感觉表达出来，以免造成更深远的不良影响。比如：

——我戴上红色思考帽说：你在撒谎，事实并不是这样的。

3. 在思考结束的时候，我们做出任何决策最终都要诉之于情感。每一个决策都有一个价值取向，我们对价值的选择是很情绪化的。这时，我们要考察一下，是不是受到某种情绪的影响才做出了某项决定。比如：

——我的红色思考帽告诉我，为安全起见，我们应该放弃这个计划；

——我戴上红色思考帽说：为了获得更大的利益，我觉得冒险是值得的。

情感应该自然流露，每次都要戴上红色思考帽再表达情感，不是显得很做作吗？红色思考帽看似是多余的，其实不然，它可以让人们在片刻间转换情绪，而不让自己和别人受到情绪的影响。当你戴上红色思考帽表达了对某人的怨恨之后，摘下思考帽就可以让情绪平息，由此可避免争执和相互攻击。

任何思考的最终目的都是为了思考者本身利益的满足，但是在情绪的参与下，我们最终做出的决定可能会偏离自身的真实想法，甚至会损害自身的利益。比如，我们可能会因为对合作者的怀疑而放弃一次合作机会；我们可能会为了眼前的蝇头小利而破坏长远的计划。戴上红色思考帽思考可以让我们意识到我们在做决定的时候可能带有太多的感情色彩。

除了情绪之外，直觉和预感也适用于红色思考帽思考法。直觉指的是凭以往的经验对复杂问题进行的瞬间判断，这种瞬间判断虽没什么道理可讲，但是却不容忽视。常常听一些人说"我的直觉很准"，成功的科学家和企业家的直觉往往都很准。

一次，一位物理学教授把自己的一项研究成果拿给爱因斯坦看。爱因斯坦看了看最后的结论，说："你这个结论有错误。"那位教授很奇怪："您还没看我的推导过程呢，怎么知道我的结论有错误？"爱因斯坦说："正确的结论一般都很简单，而你的结论太复杂了。"教授不服气，回去重新推导了一遍，发现果然有错误。

看似离奇其实正确的判断是建立在丰富的经验的基础上的。

直觉虽然很有价值，但是我们不可以过于依赖直觉，它只是思考的一部分，我们应当把它看作一位顾问，参考它的意见。

主持人可以把大家对某一个问题的看法罗列出来，然后要求会议成员轮流戴上红色思考帽表达自己的观点。一旦主持人要求大家都用红色思考帽思考时，那么每个人都要表达自己的情绪化的观点，否则就是不遵守游戏规则。当别人让你用红色思考帽思考，感觉一下某个项目的前景时，你不可以说"不知道"。可能你的态度是中立的或者你有多种感觉，但是这些都要表达出来。同样，你也可以直截了当地询问别人的感觉，而不用猜测了。

此外，红色思考帽还可以用来表达人们对会议本身的情绪，以调整会议的气氛，让讨论向更加有效的方向发展。

使用红色思考帽的意义在于让人们如实地表达自己的情感，而不是得出一个结论。因此思考者在表达自己的情绪和感觉时不需要理由和根据，也不用对自己的感觉进行解释和修正。何况也许在会议结束的时候，你的感觉已经发生了转变。

红色思考帽让每个人都有权利把自己的感情自由地释放出来，这让有些人误解了红色思考帽的意义，把它当作情感发泄的工具。实际上，红色思考帽更像一面镜子，会如实地把人们的复杂情感反映出来。

第四节
黑色思考帽

黑色思考帽思考问题的角度是用小心谨慎的态度指出任一观点的风险所在。为了避免潜在的危险、障碍和困难,为了避免浪费时间、精力和金钱,我们应该充分考虑不利因素。戴上黑色思考帽就是要把不好的可能性一一罗列出来。

哪儿不合适?

可能存在哪些困难和问题?

哪些东西与过去的经验不相符?

什么地方与法律、价值观、伦理规范不符?

黑色思考帽让我们把注意力集中在找出潜在的危险、困难和障碍上,指出需要注意的事项以及某项计划与过去的经验、价值观、政策、战略等不相符的地方,提醒我们对一些问题保持警惕以保证我们不犯错。

黑色思考帽与红色思考帽表达观点的方式截然相反,红色思考帽完全是情绪化的表述,不需要任何理由,而黑色思考帽符合西方批判思想的传统。任何批判都要以逻辑为基础,任何否定都要有站得住脚的理由,没有根据的批判和否定不具有任何意义。比如:

——如果让张先生就任这个职位,我担心他会把事情弄糟;

——确实有这种可能,但是请你戴上黑色思考帽说说你的依据是什么?

我们在决定采纳一个意见之前,应该戴上黑色思考帽分析一下这个意见有哪些缺点需要克服?我们是否应该采纳这个意见?当某项计划出台之前,我们要戴上黑色思考帽想一想,有哪些问题和困难需要解决?我们是否应该实施这项计划?

不用担心黑色思考帽会否决所有的意见和计划,它只是一个参考因素,至于是否采纳、是否实行,还要经过综合思考才能做出决定。黑色思考帽指出潜在的危险,可以使这些意见和计划变得更完善。当大家对某件事的态度过于乐观的时候,我们需要戴上黑色思考帽,以免乐极生悲。比如:

——自从那项政策出台之后,我们的销售额直线上升,现在我们应该戴上黑色思考帽思考一下,有哪些地方需要小心;

——大家戴着红色思考帽思考时表现得兴高采烈,但是现在我们应该戴上黑色思考帽想想有哪些潜在的问题。

黑色思考帽的一个重要作用在于预测未来的风险。在采取某项计划、进行某个行动之前,用黑色思考帽预测一下潜在的风险是非常有必要的。尤其是一些大型的项目,如果不顾潜在的风险,盲目地采取行动就有可能造成重大损失。在采取行动之前,我们要戴上黑色思考帽问自己以下的问题:

如果我们按照这个计划行动,可能会有哪些不良后果?

我们忽视了哪些潜在的危险？

我们可能会在什么地方出错？

外界可能会有哪些对我们不利的举措？

黑色思考帽还可以对思考过程本身进行质疑，指出人们在思考中所犯的错误。这里也体现了黑色思考帽的逻辑性，如果思考过程有错误，那么得出的结论很可能也是不正确的。比如：

——从这些数据中并不能看出你所说的那种结论；

——你那么说的根据只是一个假设，而不是事实；

——这不是唯一的结论，还有其他的可能性。

戴上黑色思考帽时，我们要对事物保持批判和否定的态度。对某件事进行过度的批判可能会导致我们把时间都用来寻找错误，最后把所有的计划都否定了。这不是黑色思考帽本身的过错，而是滥用和误用黑色思考帽的过错。适当地使用黑色思考帽可以让我们少犯错误或者不犯错误。一个计划可能有85%是好的，那么在这个计划被采纳之前，用黑色思考帽关注剩下的15%，可能会把那些错误修正过来。但是，如果在计划被采纳之后仍集中精力对那15%进行批判，就会阻碍计划的执行。

为了避免滥用黑色思考帽，主持人应该戴上蓝色思考帽限制大家用黑色思考帽的时间，在指定时间之外人们不能对任何观点进行批判思考。

戴上黑色思考帽的人常常提出这样的意见。比如：

——这种做法不合常规；

——这个结论与过去的经验不相符。

　　因为黑色思考帽的目的是小心谨慎以确保安全,"不合常规"和"与经验不相符"的事情确实不够安全。这时我们要考虑的问题是:过去的经验是否值得借鉴?现在的环境和过去的环境相比是不是发生了变化?

　　当大家戴上黑色思考帽思考时,每个人说的话都是对别人的怀疑和批判,因此很容易引起争论。争论是与六项思考帽的规则相违背的,主持人应该维持秩序使大家避免争论,否则会失去黑色思考帽的价值。大家应该明白,黑色思考帽只是指出问题的潜在危险,虽然它提出了很多问题和困难,但这并不可怕,后面还有黄色思考帽指出希望和价值,还有绿色思考帽指出解决问题的办法。

　　在实际操作中,黑色思考帽是所有思考帽中使用最多的,也许是因为它可以教会我们更好地保全自己。戴上黑色思考帽的思考者必须小心谨慎地思考问题,而小心谨慎是生存的基础,也是成功的基础,因此可以说黑色思考帽是最重要的思考帽。但是如果把它当作唯一的思考模式,就会滥用黑色思考帽,破坏它的价值。

第五节
黄色思考帽

黄色思考帽的思考角度是用乐观、积极的态度指出任一观点的价值所在。

提到黄色,我们会想到阳光、乐观、积极向上。黄色思考帽就是一顶让我们保持乐观的思考帽,戴上黄色思考帽的思考者应该尽力指出任何一个观点的价值,尽力把任何建议付诸实践。这要比戴上黑色思考帽困难,因为人们有躲避危险的本能,对可能存在的危险非常敏感,但是对可能存在的价值却比较迟钝。黄色思考帽可以培养我们对价值的敏感,引导我们花时间去寻找价值。

在会议上,人们会提出很多建议,其中不乏出色的建议。遗憾的是,就连那些提出建议的人都意识不到自己所提的建议的价值。戴上黄色思考帽之后,价值立刻就显现出来了,甚至一些看起来很糟糕的建议也有很高的价值。

和戴上黑色思考帽一样,戴上黄色思考帽发表意见的时候也要有站得住脚的理由,肯定任何价值的时候都要有根据,因此戴上黄色思考帽要问自己以下的问题:

有什么价值?

对谁有价值？

在什么情况下有价值？

价值如何体现出来？

还有别的价值吗？

任何事物都有积极和消极两个方面，黄色思考帽让我们把注意力集中在积极一面，这也叫作"正面思考"。正面思考让我们追寻利益、渴望成功，这种思考模式会指引我们的未来向好的方向发展。

我们做某事是因为它值得去做，黄色思考帽的意义就在于肯定某件事的价值。

大部分人没有积极思考的习惯，他们只在看到某件事对自己有利的情况下才会肯定它的价值。黄色思考帽让思考者在看到对自己有利的一面之前就采取积极的态度，还可以使思考者避免陷入消极的态度中，全面地看待问题。比如：

——关于这个问题我不想听到消极或中立的观点，请戴上黄色思考帽说说你的看法；

——你所说的潜在危险确实存在。现在请戴上黄色思考帽说说你对这个计划的意见；

——我的黑色思考帽告诉我，竞争对手进入我们的市场会侵占我们的市场份额。但是，从黄色思考帽的角度来看，这能让更多的消费者了解这种产品，对我们也是有好处的。

只要试一试，你就会发现戴上黄色思考帽来发表意见并不是一件容易的事情。有些人戴上黄色思考帽之后，实在找不到什么正面的意见可说；有些人可能觉得大家冥思苦想找到的"价值"根本没有什么价值。这确实让人沮丧，但是请不要因此就否定黄色思考帽的价值。爱德华·德·波诺说："黄色思考帽是所有思考帽中最有价值的，它促使人们花时间去寻找价值。"一开始我们看不到事情有什么价值，这并不奇怪，因为价值和利益并不是随处可见的。只有经过一段时间的训练之后，我们才能像那些大企业家一样独具慧眼。

戴上黄色思考帽后不要过分地乐观。为了避免乐观变成愚蠢，爱德华·德·波诺提出了"正面光谱"——从过分乐观的极端到逻辑上的可操作性。乐观的态度是盲目还是实际，关键还在于是否付诸行动。比如：

——如果我们加大广告的宣传力度，就能获得更大的利润。让我们试试看吧；

——这个政策的出台可能会给我们带来机遇，虽然未必如此，但是我们一定要有所准备。

我们有必要对乐观的程度做一个划分：

绝对会有好的结果

很有可能会有好的结果

可能会有好的结果

一般

有点儿希望

希望渺茫，但是有可能

即使是看似渺茫的希望也应该被提及，有希望就有可能获得成功。比如：

——这次比赛高手云集，我获胜的希望很小，但我要试一试；

——这个古董店规模很小，好像没什么值钱的东西，但是还是看看吧，说不定有意想不到的收获。

黄色思考帽指引我们寻找价值，它可以化腐朽为神奇。黄色思考帽所提出的如果没有依据，那只能算作直觉和预感。戴上黄色思考帽之后，你必须尽力对自己的乐观做出解释，与黑色思考帽不同的是，即使你的理由站不住脚，你的建议也可以被考虑。这种解释只是用来强化这一建议，因为黄色思考帽允许梦想的存在。

黄色思考帽思考法是建设性思考，黄色思考帽下的思考者可以提出提案或建议来解决问题，或者对提案和建议积极评估，或者对某项计划进行改进，最终目的是把事情做好，带来正面的利益。比如：

——请戴上黄色思考帽，针对这个问题提一些具体的建议；

——你用黑色思考帽指出了这项计划的弱点，那么现在请用黄色思考帽想想有什么改进的办法。

黄色思考帽的一个重要任务就是寻找潜在的价值和利益。比如，那些建筑商和证券商对潜在的价值有强烈的感觉，一旦他们看到端倪就会朝那个方向发掘。这种对价值的前瞻性思考实际上是"逼迫"人们寻找机会。比如：

——就目前的形势来看，东部郊区的地皮在最近几年之内会大大升值；

——请戴上黄色思考帽想一想，如果我们开发这个项目前景怎么样？

寻找机会的另外一个方式是对未来的假设，假设某些情况改变之后会发生什么对我们有利的事情，戴上黄色思考帽之后我们可以进行这样的假设。比如：

——如果竞争对手被迫选择退出，那么我们就能独占这一地区的生意。

黄色思考帽可以让人们对未来产生美好的幻想，并付诸行动，向那个方向努力。

人们可能误认为黄色思考帽需要很好的创造力。其实，创造力是戴上绿色思考帽的思考者应该拥有的。戴上黄色思考帽的思考者只需要持有乐观积极的态度，而并不需要你特别聪明。绿色思考帽要求你给大家带来惊奇，而黄色思考帽要求你给大家带来效果。

第六节
绿色思考帽

绿色思考帽的思考角度是运用创新思维提出新观点。

提到绿色,我们会联想到草木在春天长出的嫩芽。绿色思考帽就是一顶充满生命力的思考帽,它让我们超越常规的思维模式,寻找新的解决问题的方法,探索更多的可能性使事情得到更好的解决。戴上绿色思考帽之后,每个人都要扮演创造者的角色,都要从旧观念中跳出来,努力提出新想法,或者对已有的意见进行修正和改进。比如:

——你说的是常规的办法,请戴上绿色思考帽思考一下,还有没有其他的办法。

对大多数人来说,提出创造性的意见并不容易,因为我们习惯了已知的、一般的规则,本能地会对不符合常规的事物进行批判,而创造性思考伴随着刺激和冒险,而且会带来无法预测的结果。

戴上绿色思考帽未必就会有所收获,但是你花越多的时间进行创造性思考,就越有希望找到解决问题的办法。如果我们放弃这种努力,就根本不可能有收获。绿色思考帽的作用就在于提醒我们花时间去寻找新的点子。

我们思考问题时习惯对一个观点做出判断：这个建议合理吗？这种说法与过去的经验相符吗？戴上绿色思考帽之后，我们要摒弃这种想法，用"发展"代替判断。所谓"发展"，就是相对过去要有所进步，比如：

——戴上绿色思考帽想想，如果我们开发一种能够把自来水净化的水杯，会有什么进步？

戴上绿色思考帽后提出的想法并不一定是可行的。我们可以把它看作过河的踏脚石，摸索出一条路；或者把它看作一粒种子，需要我们的悉心栽培，才能长成大树。

在绿色思考帽的保护下，当你提出一个建议的时候，戴黑色思考帽的就不能对它进行攻击，不管你的建议看起来多么疯狂。比如：

——污染水源的化工厂应该建在一般工厂的下游。

这是不是很荒谬？记住，绿色思考帽的意义在于发展而不是判断。我们可以发展一下这个建议：强制工厂建在河流的下游，它必须使用排出的污水，从而明白污染环境的恶果。

人们已经总结了很多创新思维的方法，比如逆向思维、联想思维，等等。只有不断创新才能更好地解决问题。戴上绿色思考帽，你可以从以下几个角度进行创造性思考：

先设想一个结果，然后为它寻找理由。比如，我们先设想每个想获得升迁的人都穿上黄衬衫，然后再想这么做有什么好处。

随意选择一个出发点，然后联系主题寻找思路。比如，把香味作为出发点，联系电视这个主题，有人发明了能够散发香味的电视机。

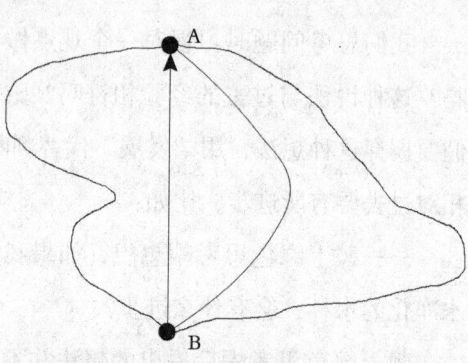

提出不合逻辑的

■ 从B点到A点可能有多条路可以走，但是有一条（带箭头的）是最近的路。

假设，然后对它进行改进。比如，买东西的时候，商场付钱给消费者。看似不合逻辑，但是把这种假设改进之后就出现了"返券""返现金"等活动方式。

在生活中，我们解决了一个问题后就不再想它，因为人们太容易满足了。数学题一般只有一个答案，但是生活中的问题可能有多种答案，如果我们换一种方法解决问题，可能会有更好的结果。如果时间紧迫，我们只能选择第一个答案，但是如果时间允许，我们就有必要寻找多种答案，然后选择最好的一个。现在，我们可以把绿色思考帽看作在地图上寻找多种出路，最终选择最近的一条。

戴上绿色思考帽之后，我们必须承认解决问题的办法不止一种。如果我们只想到了一两条出路，那么最近最好走的那条路就很可能被我们忽视了。比如：

——价格策略只有降价、涨价和不变这3种可能；

——我戴上绿色思考帽，认为我们可以对这3种策略进行改进。我们可以加量不加价，或者通过折扣的方式让利，或者部分产品降价，部分产品涨价。

有些人总是试图超越限制，不在既定的范围内解决问题。有时，他们为了炫耀自己的创造力，即使在没有问题的时候，他们还是不断提出一些稀奇古怪的想法。比如：

——你问我从陆地上走哪条路线比较合适，我戴上绿色思考帽告诉你，最好还是走海路；

——尽管大家已经提出了很多意见，现在我戴上绿色思考帽说，关于这个问题我又有了一个新的想法。

什么时候要在既定范围内搜寻解决问题的办法，什么时候要换一个角度，这要求主持人戴上蓝色思考帽从宏观上进行把握，适时地让思考者回到既定的思考范围或者提出"创意暂停"。

在会议上我们得到了很多有创意的想法，但是在最后的总结中我们总是关注最佳方案，忽略了那些"荒谬"的、"不可行"的方案，这就造成了意见的流失。爱德华·德·波诺为此提出了"收割"意见的方法。为了使意见能够被接受，我们要对意见进行合理化修改。比如：

——这个意见虽然不错，但是和法律有冲突，我们是不是可以把它修改一下，让它符合规定；

——开发这种产品很可能给我们带来利润，但是对我们这个小公司来说造价太高，让我们戴上绿色思考帽想想，能不能让花费少一点。

此外，我们还应该使建议符合采纳建议的人和执行建议的人的口味。比如：

——这个想法的危险性太高了，我们戴上绿色思考帽想一想，可以采取哪些安全措施来改进这个想法。

创造力是思考的关键部分。很多人认为自己不善于戴上绿色思考帽思考，其实创造性思考是可以通过训练获得的，绿色思考帽使用得越多，你的创意也就越多。绿色思考帽让我们把注意力集中在提出新观点和新方法上，这在无形中提升了思考者的创造力。

第七节
蓝色思考帽

蓝色思考帽的思考角度是对思考过程和其他思考帽的控制和组织。

提到蓝色，我们会联想到广袤的天空和广阔的海洋。蓝色思考帽的意义在于总揽全局，可以说蓝色思考帽是对思考的思考。在会议开始的时候，主持人应该运用蓝色思考帽把需要解决的问题描述出来，指出思考的目标和预计的结果。然后，安排其他思考帽的使用顺序。在会议过程中，蓝色思考帽要控制其他思考帽的运用，保证每个人按照各个思考帽的思考角度进行思考。此外，它还可以宣布更换思考帽。在讨论结束的时候，蓝色思考帽还负责进行总结、做出决定。一般由主持人戴上蓝色思考帽，但是主持人也可以要求与会人员戴上蓝色思考帽提出建议。

蓝色思考帽给人们指明了思考的方向，从而让他们能够进行步调一致的思考。蓝色思考帽对于个人的单独思考同样适用，它让我们的思考有系统、有组织，这样的思考过程更有效率。比如：

——现在，我戴上蓝色思考帽宣布这次会议的议题是"如何面对竞争对手降价"；

——在思考过程中，我们使用思考帽的顺序为白、红、黑、黄、绿；

——请大家戴上白色思考帽思考，给我一些这方面的事实和数据。

在某一顶思考帽的思考模式下，蓝色思考帽有权要求插入另一顶思考帽。比如：

——我们应该停下来戴上红色思考帽，表达对这个建议的感觉；

——我们对情绪的表达已经够多了，现在请大家戴上黑色思考帽想想有哪些潜在的危险。

此外,蓝色思考帽还可以组织思考的其他方面,提醒大家在思考的过程中需要注意的事项或者限制条件。

同时,在思考的过程中,蓝色思考帽负责确定思考的问题,然后把大家的注意力集中起来,共同解决这一问题——这样可以避免跑题。比如:

——让我们把精力集中起来,思考客流量减少这个问题;

——我们已经跑题了,请大家回到我们今天的主题上。

使大家集中注意力的最重要的方法是提问,戴上蓝色思考帽者要掌握提问的技术。首先,要清楚地定义问题,否则得到的答案将会不合要求。提问之前应该问问自己:这是关键问题吗?解决这个问题很重要吗?还有没有潜在的问题?其次,要掌握提问的技巧。一般人们采用两种提问方式,一种是钓鱼式提问,也叫作开放式提问,你不知道会得到什么答案。比如:

——请戴上黄色思考帽告诉我,这么做有什么好处?

另一种是射击式提问,也叫作封闭式提问,答案非此即彼。比如:

——以目前的形势来看,我们应不应该开拓海外市场?

一般来说,先选择白色思考帽搜集所需要的信息来绘制地图,然后用红色思考帽表达自己的感觉。如果大家对讨论的主题有强烈的感觉,那么可以先用红色思考帽来表达感觉,以免在表述信息时受主观情绪影响。

接下来，可以用黑色思考帽和黄色思考帽提出自己对问题的判断和建议。一般我们把黄色思考帽放在后面，为的是得出建设性的意见。然后，蓝色思考帽把需要解决的新问题提出来，让绿色思考帽寻找新方法。在这个过程中，白色思考帽可以随时穿插进行补充说明。

通过绿色思考帽得到一些方法之后，我们要用黄色思考帽对它进行正面评估，用黑色思考帽对它提出质疑、进行筛选。然后，黄色思考帽和绿色思考帽对黑色思考帽提出的意见和问题进行修正和改进。黑色思考帽进一步指出缺陷，预测潜在的风险。这时，整个讨论过程就结束了，蓝色思考帽综合参考所有意见，确定有哪些可行的方案。

下一步，用红色思考帽对选择和决策表达自己的感觉。最后，蓝色思考帽再次权衡黄色思考帽和黑色思考帽的意见做出最终的决策。这个过程看似复杂，其实在实际操作过程中，这些步骤都是很自然的。

蓝色思考帽贯穿思考过程的始终。戴着蓝色思考帽的思考者认真观察讨论经过，评论他观察到的一切并随时概要地说明讨论结果。比如：

——我们花了太多时间讨论这个问题，表示这是一个很难解决的问题。我已经做了记录，稍后再探讨。现在我们要换一个问题；

——我戴上蓝色思考帽对目前的讨论结果做出以下总结，

大家看看有没有遗漏的地方。

会议结束的时候，蓝色思考帽还要做出总结和决策，这时每个人都要戴上蓝色思考帽对会议的成果进行评论。需要注意的是，在会议进程中，每个人都可以发挥蓝色思考帽的功能。

蓝色思考帽的重要职责在于监督大家遵守规则，戴上一顶思考帽之后就要按照那顶思考帽所要求的思考角度进行思考。比如：

——现在大家在用白色思考帽思考，请你不要掺杂自己的情绪；

——对不起，我们现在用黄色思考帽思考，而你所说的是黑色思考帽的意见。

蓝色思考帽的另外一个职责是避免发生争论。当出现不同观点的时候，蓝色思考帽可以要求双方提供白色思考帽的资料来支持自己的观点，或者暂时搁置起来稍后再验证。当出现不同的想法和意见的时候，可以假设两者都是正确的，然后看哪一种情况更接近现实。

磨刀不误砍柴工，花时间组织思考绝对不是浪费时间。蓝色思考帽是六项思考帽的灵魂，它的存在保证了六项思考帽这种思考模式顺利有效地进行。

第四章

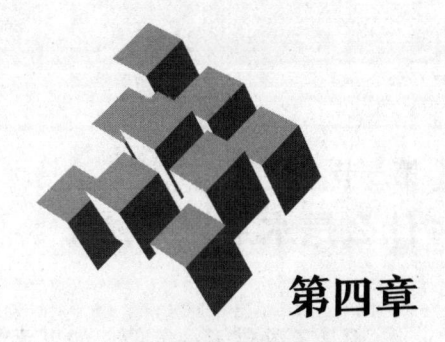

水平思考法：
多侧面思考，激发创意

第一节
什么是水平思考法

甲从乙处借了一笔债，如果无法偿还，就得去坐牢。乙是高利贷者，他想娶甲的女儿做老婆，姑娘誓死不从。乙对姑娘说了一个解决的办法："我从地上拣起一块白石子、一块黑石子，然后装进口袋由你来摸。如果你摸出的是白石子，你父亲的那笔债就一笔勾销；如果你摸出的是黑石子，那你就得和我结婚。"说完，他从地上捡起两块黑石子放进了口袋。然而，这个动作被姑娘看到了。

现在请你来回答：如果你是甲的女儿，你会怎么办？请开动你的脑筋，然后把你的想法写下来：＿＿＿＿＿＿＿＿＿＿

水平思考法的创始人爱德华·德·波诺博士在用这个故事解释何谓水平思考法时提出了这个问题，并且他得到了下面几种答案：

1. 姑娘拒绝摸石子；
2. 姑娘揭穿乙拣起两块黑石子的诡计；

3. 姑娘只好随便抓起一块黑石子，违心地同乙结婚。

很显然，上面的方法都不尽如人意。如果运用水平思考法——将考虑的焦点移向水平方向：由口袋中的石子移到地上的石子，就能巧妙地解决问题。

姑娘的眼光从口袋移到地面上，想到乙的两块石子是从地上捡起来的。于是，她伸手到口袋里抓起一块石子，在拿出口袋的一刹那，故意将其掉落在地上。这时，她对乙说："呀！我真不小心，把石子掉在地上了。看看你的口袋里剩下的那一块吧，就知道我抓的是什么颜色的石子了。"

姑娘利用水平思考法，将原本不利的局面扭转过来，取得了令人满意的效果。

1969年9月下旬，世界各国的广告界人士云集日本，参加世界广告大会。这次会议上引起最大反响的便是英国剑桥大学的爱德华·德·波诺博士的有关水平思考法的发言。

"水平思考法"一词已经被收入《牛津英语词典》，词典中的解释是："以非正统的方式或者显然的非逻辑方式寻求解决问题的办法。"对水平思考法最简单的描述是："你不能通过把同一个洞越挖越深，来实现在不同的地方挖出不同的洞。"这里强调的是寻求看待事物的不同方法和路径。

这种显然的非逻辑的思维方式要求我们摆脱常规的思考路径。爱德华·德·波诺博士认为：当你为实现一个设想而进行思考的时候，很有必要摆脱一直被认为是正确的固有观念的束缚。因为当我们按照常规的固有观念进行思考时，很多可能性被忽略掉了。举例来说，按照人们的固有观念，水总是往低处流的，如果仅从这一观念出发，世界上就不会有能将水引向高处的虹吸管了。

运用水平思考法时，我们移动到侧面路径上尝试不同的感知、不同的概念、不同的进入点。我们可以使用各种各样的方法，包括一系列的激发技巧，来使我们摆脱常规的思考路径。比如，创造性停顿、简单的焦点、挑战、其他的选择、概念扇、激发和移动、随意输入、技巧，等等。在以后的篇章中，我们将一一介绍。

在水平思考中，我们致力于提出不同的看法。所有的看法都是正确的和相容的；每个不同的看法不是相互推导出来的，而是各自独立产生的。运用水平思考法我们可以从不同角度、不同侧面来看待一个问题，从与思考对象相关的、可能相关的、甚至不相关的任何事物中寻找解决问题的方法。常规逻辑关注的是"真相"和"是什么"，而水平思考就像感知一样，关注的是"可能性"和"可能是什么"。

水平思考和发散思考一样，试图寻找多种可能性，但是水平思考具有逻辑性和收敛集中的一面，它的意义在于通过系统地运用具体的技巧和工具来改变概念和感知，从而提出新的创意和概念。

开动你的脑筋

如何测量一幢楼的高度?

从最高一层放下一根绳子着地,再量一下绳子的长度。

只要量一层的高度,再乘以层数。

用几何的方法。

把房子推倒在地上量。

毫无疑问,最后一个答案是最可笑的,但是它却是最别出心裁、超出常规的。

你想到什么好方法了吗?(答案见附录)

第二节
Po 的含义

看看下面的几种说法:

1. 我去了一家书店,发现那里一本书都没有;
2. 报纸上说有一个男子拍照时拍不到身体;
3. 据说在国外出现过"太阳从西边出来"的景观;
4. 我的一个朋友连续 3 个月都不吃饭,但是依然很健康。

你是不是觉得这些说法很荒谬,认为这些事是根本不可能的。这些事确实不符合逻辑,但是真的没有可能性吗?设想一下,那家书店可能只办理邮购和网上订购业务,并不用把书放在书架上;拍照拍不到身体可能是照相机发生了故障,或者那名男子的身体被什么东西挡住了;太阳从西边出来可能是海市蜃楼,或者在日落的时候如果有一个比太阳降落得更快的参照物,人们就会产生太阳从西边升起的错觉;连续3个月不吃饭的人可能吃了某种营养素。

Po 是爱德华·德·波诺博士发明的新单词,他把水平思考的整个概念全部集中在这个单词上。水平思考是一种对事物情况各种可能性和假设的枚举,而 Po 正是源自英文单词 possibility(可能性)、suppose(假定)、poetry(诗歌)和 hypothesis(假设)中共有的字母组合"po"。Po 代表了一种没有固定形式的混沌状态。

众所周知,传统的逻辑思考注重判断和选择,非 Yes 即 No,不接受就拒绝。水平思考则强调概念重组和重新排列,以求获得新的创意和灵感。爱德华·德·波诺博士告诉我们:在 Yes 和 No 之外,还有一个 Po。他在著作中写道:"水平思考所处理的是 Po,正如逻辑思考所处理的是 No 一样。"

在传统的思考模式下,人们很容易对一件事或一个观点进行批判。大多数人都有完美主义倾向,我们像园丁忙于清除杂草一样热衷于清除荒谬的、不可行的、混乱的假设,而不是寻找创造性、建设性的观点和方法。做出否定的判断比提出建设性的意见容易得多,我们很容易说出下面的话:

这样做是错的。

这样说是错的。

事实不是这样的。

你的建议是不可行的。

这种想法根本不符合逻辑。

在日常生活中，这些话时常充斥在我们所处的空间中。其实，这些批判性的话语会把一些好的建议一棒子打死。Po 突破了这种思考模式，它要求我们只关注可能性和假设，目的在于想出具有创造性和建设性的建议。下面我们通过一个案例来对比一下批判性的 No 思考法和建设性的 Po 思考法。

案例：用 Po 思考法开设一家独特的餐厅，你有哪些好的设想？

1.24 小时营业——全天任何时段都提供食物。

No：没有必要，那样只能造成人员和资金的浪费，尤其是后半夜的经营，肯定会赔钱的。

Po：餐厅不光可以提供食物，是不是还可以提供一些其他的服务呢？我们可以给人们提供一个除了家庭和工作单位之外的另一个空间。比如，给情侣们提供一个聊天的场所；给心情不好的人提供一个绝对私人的空间；给喜欢阅读的人提供一个小型的阅览室。此外，还可以在餐厅安装几台电脑，供人们上网。人们在餐厅停留的时间长了，自然要吃点东西，说不定后半夜也会很火爆呢！

2.绝对自助餐厅，采用类似自动售卖机的销售模式。

No：不可行，如果没人来买，饭菜就会变凉，甚至过期变坏。

Po：有两种可能，一种是为了防止饭菜变质，我们可以用那种常见的自动售货机销售不易变质的食物，比如饼干、面包、火腿；另一种是常见的有座位的餐厅模式，满足那些希望趁热吃的人，在正常的吃饭时间之内（早上7：00～8：00，中午12：00～13：00，晚上18：00～19：00）把刚出锅的饭菜放在售货机内，并在旁边放一台微波炉，如果有人嫌饭菜凉可以加热。

3.DIY餐厅——顾客自己做饭吃。

No：开什么玩笑？跑到餐厅去做饭，还不如自己在家里做呢！

Po：为什么不可以呢？我们可以请一位特级厨师教顾客做特色菜，顾客恐怕会挤破了餐厅的门！另外还可以针对年轻人开设这样的业务，搞生日聚会或类似的庆祝活动的时候，他们可以自己做菜。

4.男士止步餐厅——只招待女宾。

No：这样做生意岂不是少了一半？

Po：这叫作市场细分，方圆几百里的女士们都会到这里来体验一下这里的独特之处。我们专门经营对女性健康和美容有益的食品，并提供相关的咨询服务。如果男士不服气，我们还可以开一个"女士止步餐厅"。

5. 没有菜单，只提供你没吃过的食物。

No：不可能，哪有那么多种食物？

Po：谁敢说自己吃遍了世界上所有的食物？我们可以招聘一些有创意的厨师，他们可以对原料进行随意的组合，这样做的每道菜都会与上一道菜味道不同。我们还可以把不同的菜混合起来，比如，把意大利面和韩国菜结合起来，把粤菜和川菜结合起来。不要担心难吃，我们卖的是新鲜感。

6. 不收取食物的费用，而按时间收费。

No：不合理，吃得多、吃得快的人会把我们吃穷。

Po：我们只经营咖啡、牛奶、火腿、面包等比较廉价的食物，我们卖的是美妙的餐厅音乐和舒适的空间。因此，在餐厅坐得时间长的人应该付更多的钱。

需要注意的是，Po 出来的新想法一般都会有一些技术上的难度，但是这不是水平思考法关心的重点。思考时如果过多地考虑这些实际操作中的问题，反而会影响创意的发挥。Po 的任务就是大胆设想，自由地发挥想象力，把看似不可能变为有可能。

开动你的脑筋

假如你准备为挚友筹办一个生日聚会，你能 Po 出什么好想法？

_____

_____

_____

第三节
创造性停顿

如果你马不停蹄地赶往一个地方,你就会忽略路边的野花;如果你停下来欣赏一下路边的野花,你就能得到赏心悦目的回报。

如果你迅速驶过一个岔道口,你有可能错过一条捷径;如果你停下来看看路牌,你就能知道那条路通往何方。

如果一条小河畅通无阻地流下去,它只能流经固定的路线;如果它暂时遭到堵塞,就会找到新的渠道,甚至流向一片新的水域。

思考也是一样,如果我们快速地顺畅地想下去,可能会忽略一些重要的事情;如果我们在思考的过程中暂停一下,可能会得到一个好的创意。

在日常生活中,我们已经掌握了一些思考模式和行为模式。在思考问题的时候,大脑按照常规来安排我们的思考,这个过程是流动性的,思维总是顺畅地进行,除非遇到难题或突发事件。创造性停顿就是让我们主动地在本来顺畅的思考过程中停顿一下,进行创造性努力。

停顿为的是创造性思考,在顺畅的思考过程中,我们总是会忽略一些看似不重要的问题,停顿可以让我们对那些问题进

行有意识的关注,这样可能会在某一点上存在一个创意。比如:

——我要停下来针对这个问题好好想一下;

——这个观点可能会引发什么新创意呢;

——我们停下来想想看,是不是还有其他思路呢;

——这里可能会有潜在的机会。

那么,什么时候停顿呢?应该在哪里停顿呢?

创造性停顿不需要理由,它不是对任何事情做出的反应。如果刻意地寻找理由,你就只能在明显的需要停顿的地方停顿下来,反而会破坏创造性停顿的意义。在那些看似不需要停顿的地方停下来思考,往往能产生更好的效果,这样才能体现出创造性停顿的真正价值。思考者根据自己的意愿随时停顿下来,并不是因为突然有了灵感,而是因为这是一个有意识的过程。

我们的大多数思考都是被动的,比如满足某个要求、克服某个困难,都是在问题出现在我们面前之后,需要我们做出反应。创造性停顿是一种主动的思考习惯,强烈的创造性思考的动机使我们主动地关注思考的过程。这种思考法要求我们在思考过程中做一个短暂的停顿,对自己说:"我要关注一下这个问题。"

需要注意的是,你不能奢望每次停顿都能产生一个好的创意,这是一种"投资",并不是每次投资都能带来回报,但是只要不断地努力,最终总能得到回报。如果不进行这种寻找创意的努力,就会失去产生创意的机会。它的作用类似于绿色思考帽思考法,我们不能强迫自己产生创意,但是我们可以强迫自己努力进行创造性思考。

创造性停顿的另一个重大意义在于培养创造性思考的习惯。人们为了培养创造性习惯，往往通过说教、劝诫、激励、榜样示范、奖励创造力带来的成果等方法。实际上，与其奖励创造性努力带来的结果，不如奖励创造性努力本身。创造性停顿是培养创造性态度和动力的最简单、最有效的方法。如果你想拥有创造力，就应该在思考过程中练习创造性停顿，并养成一种思考习惯。

也许你会怀疑这样做会干扰正常的思考过程，正确地运用这种思考方法并不会对思考过程造成干扰，你只需要停下来快速地关注某件事物，并查看一下有没有其他的可能性。作为水平思考法的一部分，创造性停顿给我们寻找侧面路径提供了一个契机。我们要去某个陌生的地方，如果匆匆忙忙地赶往目的地可能会走入歧途，我们需要在中途停下来考察一下有没有更好的路线。

创造性停顿既适用于个人，也适用于团体。当你想停顿一下的时候，问问自己。比如：

——还有没有其他方法来解决这个问题；

——我们来看看还有没有别的可能性。

停顿的时间不能太长，个人只需要停顿 20 ~ 30 秒，团体只需要两分钟，然后继续原来的思考进程。

在进行这种训练之初，不要过分要求自己一定要想出什么结果。我们注重的是努力进行创造性思考的过程，而不是结果。如果每次停顿都努力寻找结果，你就会感到有负担，进而会讨厌这种思考模式。事实上，这种创造性停顿并没有要求我们一定要找到别的可能性——只要进行创造性停顿本身就够了。

想象一下自己走在一条乡间小路上，创造性停顿只是让你在前进的路途中停下来，关注一下自己所处的位置，看看周围是不是有别的路可走，如果有当然很好，如果没有也不必在意，回到自己原来的路径上就行了。

这看起来似乎很简单，其实并不容易做到，需要大量的练习才能养成创造性停顿的习惯。创造性停顿的习惯可以培养你的创造力，当你的创造性思考变得越来越熟练的时候，你就能发现停顿给你带来的好处。也许一个短暂的停顿就能让你开辟出另一条更好的思路。

第四节
简单的焦点

人们通常认为创造力的作用体现在解决问题和困难的领域。当我们遇到困难的时候，确实需要创造性思考。但是很多时候，如果我们确定一个思考的焦点，也能产生意想不到的结果，尤其是当我们把焦点集中在不同寻常的、不被人们关注的问题上的时候，不需要太多的创造性努力就能取得可观的成果。

很多科学家都是在别人不注意的领域取得了引人注目的成就。

诺贝尔物理学奖获得者李政道在一次很偶然的机会听了一个同事的演讲，从而知道了非线性方程有一种叫作孤子的解。他找到所有关于孤子的资料进行分析研究，发现所有人都在研究一维空间的孤子，但是在物理学上三维空间才具有普遍意义。他花了3个月时间研究三维空间的孤子，创建了新的孤子理论用来研究亚原子的问题。后来，他得意地说："我从一无所知一下子赶到别人的前面去了。"总结经验的时候，他说："要想赶上、超过别人，你一定要弄清楚哪些是别人不懂的。看准了这一点去研究才会有突破。"

李政道正是把焦点集中在别人都没有注意到的事物上，从而取得了成功。大家都不关注的事物几乎不存在竞争，因而很容易取得成就。

简单的焦点是一种非常有力的创造性工具，这种思考方法要求我们把注意力集中在任何事物上进行思考。

当你拿起水杯喝水的时候，试着把焦点集中在水杯的手柄上，想一想是不是有其他的设计方法能让你更方便地去拿水杯；当你打开某件商品的包装的时候，试着把焦点集中在这个过程中，想一想是不是可以设计一种方便人们打开的包装方法，或者设计一种更加环保的包装。

你可以把焦点集中在两个事物之间的关系上，比如铅笔和橡皮；你可以把焦点集中在某一事物的一个特性或功能上，比如牙刷的功能；你可以把焦点集中在一个过程中的某一步骤上，比如购买过程中的付款这个步骤……

简单的焦点和创造性停顿有相似之处，都要求我们主动地在不需要思考的地方进行思考。但是，二者也有明显的区别，创造性停顿是对思考过程中涉及到的某一点进行创造性的关注，而简单的焦点是在生活中任意地选择一个新的焦点。首先，你可以先把可能的焦点列一个名单，以便将来进行关注；然后，针对某个焦点初步设想出一些方案和创意，如果你有了出色的想法，就要对其进行深入的分析和探讨；最后，确定一个焦点，把它当作真正需要解决的问题认真地做出创意。

和创造性停顿一样，简单的焦点思考法并不一定马上能给你带来创意，这是一种投资。寻找焦点的过程本身就很有价值，它可以让你变得善于寻找焦点。创造性思考的第一步就是选择焦点，而不是急着提出创意，因为有目的的思考才是最有效的。试想一下，8个具有创造性思考力却不善于集中焦点的人围坐在一起，他们能给我们带来什么？什么都不能带来，因为他们不知道在哪里发挥自己的创造性。具有创造性的人如果不能找到一个焦点，就像一个神射手不知道目标在哪里一样，他们的创造力会显得苍白无力。

我们可以把焦点分为两类：一般领域的焦点和特定目的

的焦点。

一般领域的焦点是经常被人们忽视的，然而却是非常重要的一种创造性焦点。一般领域的焦点要求我们简单地定义出需要创意的一般领域。

这些领域并不存在明显的需要克服的困难，但是如果你把焦点集中在这些方面，问题就产生了。通过解决这些问题，也许会产生有用的创意。这就是我们所说的第三类需要解决的问题——为自己设置不寻常的问题。比如：

——在食品加工领域，你有什么好的想法；

——在电器领域，你有什么好的创意；

——关于钢笔的墨水，你能想到什么创意；

——关于钥匙的材质，你有什么好想法？

一般领域的焦点就是提出这样一些思考领域，既可以是宽泛的，也可以是狭义的。这种思考法并不指出思考的目的，也不需要解决已知的问题或者得到预期的效果，它只是要求我们在定义好的领域内进行创造性思考。

这样会不会导致无的放矢呢？不会的。因为：第一，我们已经确定了一个目标，只是这个目标比较宽泛，即产生在某个领域内有用的想法；第二，我们可以对产生的主意进行检验，从中选择那些符合我们需要的想法；第三，我们可以把宽泛的焦点分解成几个子焦点，比如"在交通领域，你可以提出哪些创意"，这个焦点太宽泛了，我们可以把它分解成交通工具、交通管理、交通法规、交通设施等更细化的焦点。

特定目的的焦点，顾名思义即人们所熟悉的具有明确的目的和预期结果的焦点。这种定义焦点的方法可以让我们明确地知道我们在寻找什么，需要达到什么结果。这种思考法可以分为以下几种具体方法：

1. 把焦点集中在如何朝着特定的方向改进。比如：

——我们需要一些如何降低成本的创意；

——我们需要一些提高收视率方面的创意。

2. 把焦点集中在如何解决某一问题或克服某一困难上。比如：

——我们应该怎样防止公交车上的偷窃行为；

——如何更快地处理交通事故？

3. 把焦点集中在如何完成某项任务上。比如：

——我们需要一种可以无限期使用的笔，有哪些途径可以完成这个任务；

——如何尽快把这些商品处理掉，你能想到什么办法呢？

4. 把焦点集中在发现某种潜在的机会上。比如：

——这几年是生育高峰期，这对我们来说有什么机会吗；

——网上购物越来越普及，我们从中可以得到什么机会吗？

特定目的的焦点给我们指明了一个思考方向，不同的定义会指向不同的重点。我们在描述焦点时最好列出多个定义，从中选择一个最有价值的思考方向。在描述焦点的时候，我们还应该谨慎地措辞，避免模棱两可以及可能引起误解的表述。

开动你的脑筋

鱼和鱼钩

观察 A, B, C, D 这 4 个图形,哪一个图形与众不同呢?(答案见附录)

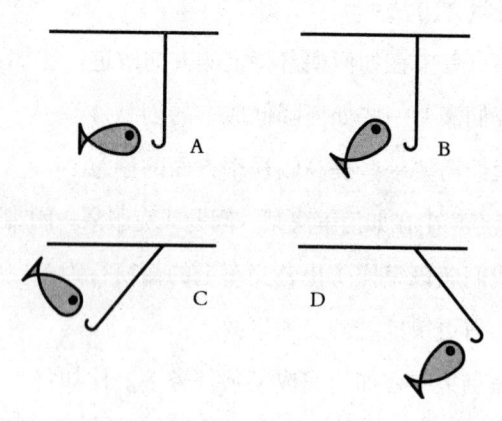

第五节
其他的选择

爱德华·德·波诺博士常常在他的著作中提到这个故事:为了能够赶上第二天的飞机,他设置了旅馆的闹钟。第二天早上闹钟响了,他试图关闭闹钟,但是即使他拔掉了闹钟的电源,闹钟还是在响。原来铃声来自另外一个闹钟,他忘记了自己设置了两个闹钟。

他想尽办法要关掉闹钟,他知道按照正常的步骤应该怎么关掉闹钟,但却没想到其他的可能。

在思考过程中我们需要停下来想一想。比如:

——还有其他的方法吗;

——有没有别的解决方案;

——是不是还有别的可能性?

寻找和创造更多的备选方案,这是进行创造性思考的最基础的一部分,但是并不容易做到。因为我们知道下一步应该怎么办,于是马上进入下一步的思考和行动,从而忽视了其他的选择。这就像我们走在一条平坦、顺畅的道路上的时候,就会按照那条路的方向走下去,而不会考虑是不是有更近的路可走。

人们普遍认为不足和错误是寻找备选答案的唯一理由。当事情发展不存在障碍和问题的时候,我们很难停下来寻找其他的选择。一旦前面的道路遇到阻碍,我们才会有压力和需要寻找新的途径。传统的思考习惯显然限制了我们进行创造性思考,这也是我们一再强调在不存在问题的时候,我们需要主动给自己设置问题的原因。绿色思考帽、创造性停顿、简单的焦点、挑战唯一性都是在看似没有必要的情况下进行创造性思考。

首先,我们可以从已知的备选方案中进行选择。

我们买衣服的时候,先从众多款式中选择自己喜欢的一种,然后询问售货员那种款式都有哪些颜色,从中选择适合自己的颜色。我们需要做的只是从现有的备选方案中进行选择,这里不需要太多的创造性思考。

有两点需要注意，一是备选方案要全面，不能有疏漏。否则就会出现在你看中的那款衣服中恰恰没有你想要的白色这类情况。在现实生活中，很多时候备选方案并没有摆在我们面前，而是需要我们主动地搜索。比如，如果不允许使用火柴，你能想到哪些方法来把火点燃呢？打火机、放大镜聚焦取火、化学反应生成火……还有其他的方法吗？我们需要在已有的经验中尽可能全面地搜寻备选方案。

另外一点需要注意的是，我们可以对摆在面前的方案进行加工。比如，尽管饭店给我们提供了菜单，我们还是可以要求做一道菜单上没有的菜或者对某道菜的做法提出自己的要求，比如，做某道菜的时候不要辣椒，或者把两道菜拼在一起。

其次，在现有方案之外创造更多的方案。

生活中的问题非常复杂，很多问题都是开放而非封闭的，可能性的数量不像服装的款式和颜色那样固定，因而不能用非此即彼的方式来解决。这就要求我们发挥想象力、挑战概念、打破边界、引进新的因素等方法来设计出新的方案。我们还可以用"追本溯源"，即进一步提问的方法找到问题的关键。比如：

——我们要么给员工涨工资，要么不涨工资；

——为什么要给员工涨工资呢？问题的关键是什么；

——给员工提高待遇，增加福利；

——那么除了涨工资之外是不是还有其他的方案呢；

——还可以采用奖金制度，或者实行更多的医疗保障福利。

也许我们创造的新方案并不合适或者不如现有方案完美，这时就需要将现有方案和新方案进行比较，如果新方案没有明显的或更大的好处我们就弃而不用。作为创造性思考的一种训练方法，寻找备选答案的努力本身要比找到更好的方案更重要。这个问题我们一直在强调，如果不做这种努力，肯定不能找到更好的方案，如果我们付出了努力则有可能找到更好的方案。所以我们不但要寻找备选方案，而且要尽可能多地寻找备选方案。当你有很多选择的时候，那些优秀的、明显优于其他方案的选择就会显露出来，这会让你的决策变得更容易。

我们应该先在已知的范围内寻找备选方案，然后再创造新的备选方案，这是一个普遍性原则。如果不搜寻已有的可能方案就进行创造，可能精疲力竭创造出的结果早就已经摆在你面前了。

我们在寻找或创造备选方案的时候需要有一个出发点，或者叫作固定点。这并不难理解，能解决问题的方案才有意义。我们可以从下面几个角度来设立固定点：

1. 目的：所寻找的方案要解决的问题。比如：

——还有哪些方法可以解决这个问题；

——还有哪些途径可以达到这个目的？

2. 类别：可以替代现有的事物或方法来满足我们的需要的同类事物或同类方法。比如：

——菜单上还有其他的甜食吗；

——这种小型的冰箱还有哪些其他的品牌？

3. 类似之处：感知上的相似之处。比如：

——还有这种风格的服装吗；

——外观与此相似的材料还有哪些？

4. 概念：围绕一个抽象的东西来思考。比如：

——我们可以采取哪些措施增加员工的福利；

——这个问题的固定点是福利的概念。

固定点的意义在于指明思考的方向，避免无的放矢。因此，对固定点的描述要尽量精确、具体，明确思考方向之后，我们的思考会更有效。为了使思路更开阔，我们可以尝试几个不同的固定点。

开动你的脑筋

这个练习可测验你观察细节的能力。五角形、正方形、椭圆形和长方形中各有多少个球？下图中一共有多少个球？（答案见附录）

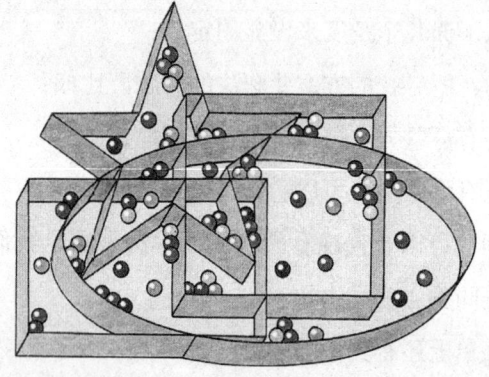

第六节
激发的出现

激发性的思考类似于爱因斯坦的思想试验。这种思考模式不是陈述"是什么",也不是分析"为什么",而是为了促使大脑"产生什么"。激发类似于假设,但比假设更疯狂。激发点可以是矛盾的、不符合逻辑的设想,我们很难用语言来描述它,爱德华·德·波诺博士用"Po"这个"反语言"的单词来引出激发点。

Po 的功能类似于一顶思考帽,戴上它,你就可以大胆设想了,不用担心会遭到否定和质疑。如果你说:"让我们想象一下,在云中散步这个主意怎么样?"别人一定会认为你在说疯话,并会花费大量时间和精力来攻击你。如果你说:"Po,我们可以在云中散步。"大家立刻就能进入移动步骤,把这个想法向前推进。

很多人都有这样的体验,正当一筹莫展的时候,突然映入眼帘的某个东西或者突然发生的错误和困难给你带来灵感,于是你想到了一个奇妙的主意。这种情况的激发点是自动出现的,我们并没有为寻找激发点做努力,而是借助了周围本来存在的激发点。

1904 年,美国在圣路易斯举办世界博览会。糕点师哈姆威在会场外卖薄饼,他的生意十分冷淡。相邻的摊位卖冰激凌,生意却很火爆。很快,盛冰激凌的托盘用完了。哈姆威灵机一动，把自己的薄饼卷成圆锥状，提供给卖冰激凌的小贩，让他用来盛放冰激凌。没想到这种锥形冰激凌很受欢迎，成了世界博览会的"明星"，后来，便逐渐发展为今天的蛋卷冰激凌。

哈姆威的灵光乍现是受到偶然事件的激发产生的。冰激凌没有托盘了——他由此想到了自己的薄饼，为什么不能用薄饼做托盘呢？外在事物的激发使他在不经意间完成了一项发明创造。历史上还有很多这样的例子，尤其在科学试验和发明创造领域。不相关的事物的激发可以给我们打开另外一条思路，使我们获得新发现或解决问题的新方法。

荷兰科学家列文虎克是世界上第一个发现微生物的人。他没有受过正规教育和相关训练，只是热衷于用显微镜进行观察。有一天下雨，他想也许从雨滴里能看到什么东西。于是，他把雨滴放在显微镜下观察。结果，他惊讶地发现里面有细小的、像蛇一样蠕动的东西。他把它们叫作"可爱的小动物"。200多年之后，人们才知道原来列文虎克发现的微生物是细菌。

在这个例子中，雨滴是一个激发点。出现在列文虎克面前的雨滴是很平常的东西，正因为平常，所以总是被人们忽略掉。在自然界，在我们的日常生活中，并不缺少奇迹，只是缺少发现。

我们可以根据自己的需要把一些陈述当作激发点对待，不管陈述本身是正确的还是错误的。比如，当别人表达一个观点的时候，如果你运用判断性的思考方式，只能做出或对或错的评价。但是，如果用激发性思考，你就可以把别人的观点看作一个激发点,也许可以从中找出有价值的东西。

在日本曾流行"一语亿金"的说法,意思是一句玩笑话能够给公司带来上亿元的收入。这个典故源于一次性照相机的发明。

有一天,日本富士公司销售部部长在查看仓库里堆积如山的胶卷时,对开发部部长说了一句玩笑话:"你们为什么不在这些胶卷上装镜头与快门呢?"这句话给开发部部长带来了发明灵感,他立即组织研发小组,围绕着这句话思考如何设计一种简易照相机。经过一段时间的研究,历经多次失败之后,他们终于把一般照相机所需要的几百个零件减少到26个,成功地组装成了一次性照相机。这种简便的照相机受到消费者的热烈欢迎,很快就占领了日本市场,并迅速扩展到海外,给富士公司带来了十几亿元的盈利。

在生活中,我们本能地排斥那些荒谬的主意,很难把那些看似不可行的想法当作激发来对待。但是,既然我们知道激发是一种很好的创造性思考方法,就应该有意识地把任何主意都当作激发来对待。当你进行一段时间的这种训练之后,你就会发现自己的思路变得异常开阔。

无论是寻找激发点,还是把某个观点当作激发来对待,都不是主动地创造激发点。我们不仅可以对已经存在的事物做出激发性反应,还可以有意识地创造激发点,建立正式的激发。要想正式建立激发,就需要水平思考提供的系统性激发工具。这些工具和方法可以让激发过程建立在一定的逻辑基础之上,而不仅仅是陷入一种疯狂状态。

爱德华·德·波诺博士把建立正式激发的方法分为摆脱型激发、踏脚石激发和随意输入3种，在以后的章节里我们将逐一介绍。建立激发之后再运用系统性的移动方法，我们就可以在激发的基础上得到新的创意。

第七节
随意输入

随意输入是指在需要创意的地方随意选取一个与创造性焦点毫无关系的词汇，然后把两者联系起来。比如，我们把空调作为创造性焦点，然后随意选取一个和空调不相关的词汇，发挥联想为空调寻找新的主意。

空调 Po 玫瑰花

空调 Po 波斯猫

空调 Po 大海

在刚开始接触这种思考方法的时候，你可能会觉得很荒诞、不符合逻辑。但是运用这种激发方法你就能轻松走出常规思路，获得新的创意。

随意输入不同于其他的激发技巧。无论是摆脱型激发,还是踏脚石激发都是借助一个激发点从思考的主干道转移到侧面路径。而随意输入是设立一个与主干道毫无关系的点,然后在这个点与主干道之间挖掘一条通道,回到问题的焦点。

这种激发技巧非常简单,无论何时何地,只要你的脑袋闲着就可以做这种思考训练。比如,你走在大街上,正在考虑如何过周末,迎面看到一家电器公司的广告牌,你就可以把"电器"作为随意输入点来考虑。是不是应该给自己充电了呢?是不是可以考虑打游戏?

也许你会有疑问,如果随意输入点与我们要解决的问题毫无关系,怎么把两者联系起来呢?这点并不用担心,我们的大脑非常善于把事物联系起来,不管看起来两件事物之间有多远。

需要注意的是,我们不是根据现有的思考来选择一个词,而是随机抽取一个词。你必须对随机输入点没有准备,这样随机取词才能发挥作用,否则你会回到已有的思考模式。具体的操作方法有很多种。你可以准备很多小纸片,在每张纸片上写一个单词,比如:自行车、狗、漫画、葡萄、绿色、瀑布、上海、凉鞋、股票、射线、旅游……然后把这些纸片装在一个盒子里,当你需要一个随意输入点的时候,就按照传统的抓奖方式从盒子里摸一张纸片。你也可以闭着眼睛用手指指向一张报纸或一本书的某一页,然后选取离手指最近的那个词。你还可以使用字典,随意地确定某一页上的一个词作为随意输入点。

爱德华·德·波诺博士把随意输入激发比作"摇动牛顿的苹果树"。苹果落地这个突发事件激发了牛顿的思考，由此他发现了万有引力定律。我们不必等着苹果落下来，当需要一个创意的时候，我们可以主动摇动苹果树，促使突发事件的发生。随意输入就是在我们的思考过程中引入突发事件作为激发点。比如：

空调 Po 玫瑰花

这个激发让我们想到开发一种散发玫瑰花香味的空调，清新淡雅的芳香可以提神醒脑。每个人还可以根据自己的喜好选择其他香型，比如茉莉花香、迷迭香、檀香、柠檬香，等等。我们还可以换一个思路，是不是可以设计一种玫瑰花形状的空调？如果把空调设计成玫瑰花的形状就可以作为一个装饰品放在客厅里，我们还可以想想别的形状，比如机器猫、蜗牛、圣诞老人……

空调 Po 波斯猫

提到波斯猫，我们会想到它的两只眼睛不一样。由此联想到空调，是不是可以设计一种在同一个房间里产生不同温度的空调呢？人们对温度的感受不一样，有些人希望室内气温保持在20℃以下，有些人在25℃左右才感到舒服，这常常会引起争执。如果空调能使一个房间内的不同区域产生两个温度，就可以避免这样的不愉快了。

空调 Po 大海

大海的特点是浩瀚无垠，把这个特点和空调联系起来，我们想到一个空调是不是可以调节多个房间的气温呢？于是我们得到了中央空调这个主意。这个想法并不新颖，现在已经有了一拖多式的家庭中央空调。是不是可以设计一个空调来调节一栋楼的气温呢？这个想法也早已被欧洲一些国家实践了。

随意输入激发可以在下列情况中使用：

1. 没有主意可想了

当你试过各种创造性思考之后，实在找不出新的主意了，或者你总是在原地打转跳不出已有的思维模式，这时你就可以随意输入一个词汇，很快就能进入新的思维领域。

2. 无处下手

当你面对一个新问题的时候，不知从何处下手，或者你进入了一个毫无经验的新领域，这时你信手拈来一个词汇，也许就能找到一个出发点。

3. 需要更多的主意

虽然你已经想到了一些主意，但是你还需要更多的思路，这时你就可以运用随意输入的方式找到新的思考路径。

4. 思路遇到阻碍

有时你会钻牛角尖，走进一个死胡同，无法沿着已有的思维模式前进了，这时你就该运用随意输入技巧开辟一条新的思路。

开始运用这种技巧的时候，人们总是抱有怀疑的态度，但是实际操作之后，他们就会发现这种方法真是既方便又有用。这让人们意识到问题背后潜藏着太多的可能性，于是他们频繁地使用这种方法,渴望找到更好的解决问题的办法。但是,当你过多地使用这种技巧的时候,你很可能在"选择"一个符合你需要的词汇,这就失去了随意输入的意义。

注意事项

1. 不要"选择"一个和已有的概念和主意相关联的词汇。
2. 不要对随意输入点做太多的联想,否则你会朝着已有的思路前进,从而失去激发的意义。
3. 不要罗列词的所有特征,只选择出现在你头脑中的第一个特征就行了。
4. 必须选用第一次抽取的词,只有当选取的词与现有思路存在太多联系而不能产生激发效果的时候,才可以重新选择。
5. 除了词汇之外,你还可以随意输入一个图画、一件物品、一个陌生的领域……只要输入点与你的问题毫不相关就可以使用。

开动你的脑筋

用查字典的方法随意输入词语,和"电视机"联系起来进行创造性思考。

随意输入词语 A:＿＿＿＿＿

得到主意:＿＿＿＿＿＿＿＿＿＿＿＿＿＿＿＿＿＿＿

随意输入词语 B:＿＿＿＿＿

得到主意:＿＿＿＿＿＿＿＿＿＿＿＿＿＿＿＿＿＿＿

随意输入词语 C:＿＿＿＿＿

得到主意:＿＿＿＿＿＿＿＿＿＿＿＿＿＿＿＿＿＿＿

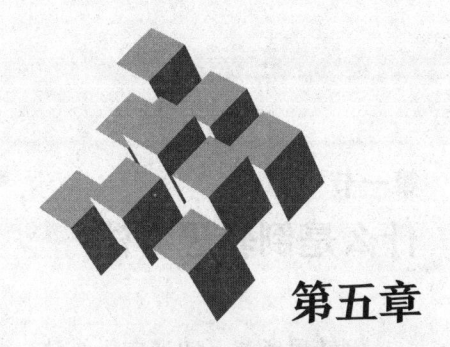

第五章

倒转思考法：
逆向思维，柳暗花明

第一节
什么是倒转思考法

倒转思考法又叫逆向思维法，是指从思考对象的反面或侧面寻找解决问题方案的思考方法。这种思维方法最初由哈佛大学教授艾伯特·罗森和美国佛蒙特州投资顾问汉弗莱·尼尔共同提出，他们把这种思维方法表述为："站在对立面进行思考。"

请你做一下这个思考题：

有4个相同的瓶子，怎样摆放才能使其中任意两个瓶口的距离都相等呢？

如果让4个瓶子全部正立着摆放，你将永远找不到方法。把1个瓶了倒过来试试，想到了吗？把3个瓶了放在正三角形的顶点，将倒过来的瓶子放在三角形的中心位置，这时你制造了很多个等边三角形，任意两个瓶口之间的距离都是正三角形的边长。

没有人规定一定要把瓶子正立摆放，但是很少有人想到把瓶子倒过来。因为人们习惯于沿着事物发展的正方向思考问题，并寻求解决问题的方法。但是，有时候按照传统观念和思维习惯思考问题你会找不到出路，百思不得其解。这时你可以试着突破惯性思维的条条框框，从相反的方向寻找解决问题的办法。

倒转思考法就是让我们打破常规思维模式的束缚，对思考对象进行全面分析，细致地了解思维对象的具体情况。此外，进行倒转思考的人还要有敢于冒险、勇于创新的精神。

运用倒转思考法，我们可以注意并思考问题的另一方面，从而深入挖掘事物的本质属性，这有助于开拓新的解决问题的思路。日本丰田汽车公司的创始人丰田喜一郎曾经说："如果我取得了一点成功的话，那是因为我对什么问题都倒过来思考。"倒转思考法的作用可见一斑。

北宋灭南唐之前，南唐每年要向北宋进贡。有一年，南唐后主李煜派博学善辩的徐铉为使者到北宋进贡。按照规定，北宋要派一名官员陪同徐铉入朝。但是朝中大臣都认为自己的学问和辞令比不上徐铉，大家都怕丢脸，没人敢应战。

宋太祖很生气，他也不想随便派个人去给朝廷丢脸。后来，他想了一个办法：让人找了10个魁梧、英俊、不识字的侍卫，把他们的名字呈交上来。然后，宋太祖找到一个比较文雅的名字，说："此人堪当此重任。"大臣们都很吃惊，但是没人敢提出异议，只好让大字不识的侍卫前去接待徐铉。

徐铉见了侍卫先寒暄了一阵，然后滔滔不绝地讲起来。但是不管他说什么，侍卫只是频频点头，并不说话。徐铉想"大国的官员果然深不可测"，只好硬着头皮讲。可是一连几天，侍卫都不说话。等到宋太祖召见徐铉时，他已经无话可说了。

宋太祖就是利用逆向思维来应对南唐的进贡官员的。按照正常的逻辑思维，对付能言善辩的人应该找一个更加善辩的人，但是宋太祖却找了一个不识字的人，取得了意想不到的效果。因为徐铉是按照常规的思维方法来想问题的，他认为宋朝一定会派一个数一数二的学者来接待自己。面对不说话的侍卫，他猜不透，但又不敢放肆，结果变得很被动。

1935年之前，英国出版商出版的书大部分是精装书。他们有充分的理由这样做——印在铜版纸上的字看起来比较舒服，多张大幅的图片也更加吸引人，大块的空白使读者省去了许多时间。更重要的是，读者基本都是贵族——他们有的是钱，并且精装书能够帮助他们展现自己的与众不同。出版商靠精装书赚了不少钱，他们的思路是把书做得更加精美，从而把价钱定得更高。

1935年，艾伦·雷恩创立了企鹅出版社。他是一个喜欢特立独行的人，当别的出版商力求把书做得更加精美的时候，他准备出版以前从来没有出现过的平装书，每本只卖6便士——相当于一包香烟的价钱。

书商觉得太荒谬了，纷纷质疑："连定价7先令6便士都只能赚一点钱，6便士怎么能赚钱？"很多作者也担心自己赚不到版税。只有伍尔沃斯公司赞同艾伦·雷恩的做法，但这是因为他们店里只卖价格在6便士以下的商品。

出乎人们的意料，那套售价 6 便士的企鹅丛书一经出版后，立即受到了读者的一致好评，人们争相购买。事实上，也正是出版平装书籍让企鹅公司在日后成为了一个大品牌，艾伦·雷恩成了英国出版史上的一位鼎鼎大名的人物。

传统观念认为图书装帧精致才能卖高价，只有卖价越高才会越赚钱；艾伦·雷恩反其道而行之，出版朴素的平装书，把价格降到最低，这正是对倒转思考法的运用。结果证明他的选择没有错。

逆向思维的应用在现实生活中具有重要的意义。运用逆向思维可以让你突破对事物的常规认识，创造出惊人的奇迹。当你向前走找不到出路的时候，当你需要寻找新颖独特的解决问题的方法的时候，当你希望突破常规思路的时候，就可以回过头来往相反的方向试试。

倒转思考法是一种科学的思维方法，我们可以把条件、作用、方式、过程、观点、属性和因果倒转过来思考，还可以把人物、情景、结果颠倒过来思考。在以后的章节，我们将具体地介绍这些倒转思考的方法。

开动你的脑筋

司机将汽车发动起来，轮子也动了，可是没有前进一步，为什么？（答案见附录）

第二节
条件倒转

条件倒转是指将思考对象的相关条件进行反方向思考，利用反方向的条件寻求解决问题的新方法。事情的存在和发展都依赖于一定的条件，条件改变之后，就会引起事物本身的变化。当我们运用条件倒转思考法的时候，就会引发对问题的全新的认识，从而找到解决问题的新方法。

凡事都有利有弊，利用条件倒转思考法，我们可以把不利条件转变为有利条件。比如，狂风是一种灾害性的自然现象，把这种条件倒转之后，人们发现可以用风力发电；粪便堆积会散发出恶臭，让人们避之不及，但是把这一条件倒转之后，人们发现可以用粪便、杂草、秸秆、树叶等废弃物散发出的沼气发电。利用好事物的缺陷，往往能够化腐朽为神奇。

运用条件倒转，我们可以把困难的条件转化为发明创新的契机。业余发明家雷少云就是运用倒转的思维方式从困难的条件中寻找解决问题的方法，从而有了很多发明创造。

雷少云在工作和生活中专门"听难声、找难事、想难题"。有一次，他听到油漆工人抱怨用直毛刷刷深圆管很难刷，而且费料。他便把这个困难的条件当作发明的机会，经过反复琢磨、不断试验，终于发明了一种圆弧形的漆刷。这种新型的漆刷松紧可调、使用方便，大大提高了油漆工人的工作效率。后来，他又加上了一种自动供漆系统，使操作更加方便。

有一次，雷少云乘坐一辆卡车去拉货。半路上卡车出了毛病，他看到司机爬到车下面去修，结果弄了一身土。他把这个难题作为一个激发点，想到如果发明一种可以灵活进退的平板车，人躺在上面修车就不会弄脏衣服了，还方便进出。于是，他发明了一种装有万向轮的修理车。这种修理车不但进出方便，而且装有升降装置、应急灯、伸缩弹簧挂，能够满足修车者的各种需要，很受司机的欢迎。后来，这种装置还应用在医院里，供卧床病人和行动不便的人使用。

在生活中，这样的难题随处可见，如果我们能够像雷少云一样仔细观察、认真分析，向困难提出挑战，就有机会创造出新的发明。

开动你的脑筋

在日常生活中，你是否曾运用条件倒转设想了几项发明创造呢？如果有，请写出来。

1. _____
   _____
2. _____
   _____
3. _____
   _____

第三节
作用倒转

作用倒转是指对事物的作用进行逆向思考，把负面作用变为正面作用，把某一领域的作用应用到其他领域，从而得出新颖独特的解决问题的方法。

人们一直认为儿童玩具一定要设计成美丽的、可爱的造型。直到有一天，美国的一位玩具设计师发现有几个孩子在玩一只奇丑无比的昆虫，并且玩得兴高采烈。玩具设计师由此想到，并不是只有美丽的东西才能做玩具，于是他专门设计"丑八怪"系列的玩具，把美的作用倒转过来了。"丑八怪"玩具上市之后，很受孩子们欢迎。

作用倒转的另一层含义是通过使事物某方面的性质发生改变，从而起到与原来的作用相反的作用。每一种事物都有各自的作用，通过改变事物的性质、特点可使事物的作用发生改变。比如，一根长竹竿可以用作船篙，短一些的竹竿可以用作拐杖，再短的竹竿可以制成笛子。

对事物的某种作用进行倒转思考可以找到不利作用的有利之处，让那些大家本来认为没用的东西发挥积极的作用。

按照正常的思路，我们总是对事物的作用进行判断，如果不能发挥积极的作用，就把这件事物"打入冷宫"，认为它毫无价值。事实上，任何事物都有它存在的价值，关键是我们能不能运用作用倒转思考法把事物的作用倒转过来，使负面的作用变为正面的作用。

有些化学试剂对玻璃的腐蚀性很强，比如氢氟酸。当氢氟酸与玻璃制品接触的时候，很快就会把玻璃腐蚀掉。因此，氢氟酸不能用玻璃容器盛放，必须放在塑料或铅制的容器中。

按照正常的思路，人们想的是尽量避免让氢氟酸和玻璃接触。但是当我们把这种作用倒转之后，就会发现其实腐蚀也有可取之处，比如用于在玻璃上钻孔，或者在玻璃上刻花。玻璃的质地很硬，只有用金刚石才能把它切割开，要想在玻璃上钻孔或刻花就更难了。而氢氟酸的腐蚀性恰恰满足了这一需要。玻璃工匠先将玻璃器皿在熔化的石蜡中浸泡一下，沾上一层蜡水。等蜡水凝固之后，用刻刀在蜡层上刻上所需要的花纹，刻透蜡层，然后在纹路中涂上适量的氢氟酸。等到氢氟酸的作用发挥完毕之后，刮去蜡层就可以在玻璃上看到美丽的花纹了。

人们总是习惯于约定俗成的规则，认为事物的特定作用是不可改变的。其实，只要积极思考就会发现有些事物的作用并不只局限于一个特定的领域。我们可以把作用倒转思维和发散思维结合起来应用。

这种作用倒转思考法可以把日常生活中各种事物的价值充分发挥出来。比如一个小金鱼缸，我们可以用来养鱼，也可以用来种花。倒转事物的作用之后，你就会发现很多废弃的"垃圾"也可以派上用场。

1974年，纽约州政府翻修了自由女神像。自由女神身上被换下来的旧铜块变成了垃圾等待处理。于是政府公开让商家投标收购，可是几个月过去了都没有人感兴趣。因为很多垃圾处理商考虑到纽约的环保分子太厉害，如果处理不当就会遭到投诉，所以不想找麻烦。

那时，有个在巴黎旅行的人在报纸上看到了这个消息。他从中看到了商机，特意飞到纽约去购买那些在别人看来是垃圾的旧铜块。他与纽约州政府签约，把那些"垃圾"都买了下来。然后，用来自自由女神像的旧铜块制成了很多小小的自由女神铜像，当作纪念品出售。

经过加工之后的铜块，自然比垃圾有价值。重要的是，铜像的原料来自自由女神像，有很好的纪念意义，这就有理由比一般的纪念品卖更高的价钱。结果，这个点子带来了足足350万美元的利润。

很多看似有百害而无一利的东西经过作用倒转之后，就有可能发挥积极的作用。比如苍蝇生活在肮脏的地方，还会传播疾病，人们总是灭之而后快。运用作用倒转思考一下，我们想到苍蝇能在肮脏的地方生存，可见它抵抗细菌的能力很强，这会不会在医学上给我们带来某种启发呢？再比如乙硫醇是臭味极强的气体，在空气中的含量达到五百亿分之一就能被察觉出来。人们利用这个作用，把它加入无色无味的煤气中，以方便人们察觉煤气的泄漏。

开动你的脑筋

空的饮料瓶随处可见。它除了被作为废品卖掉，还有其他的作用吗？想一想，将你的答案写在下面。

1. _____
2. _____
3. _____
4. _____

第四节
倒转人物

所谓倒转人物，就是倒转不同人物在事件中的身份，寻找隐藏在事物背后的潜在问题和引发事件的原因。倒转人物之后，我们能够得到一些以前从来没有过的思考角度，从这些思考角度出发可以揭示出隐藏在事情背后的可能原因，使我们进入更宽广的思维空间。

在《心智漫游思考法》一书中，作者举了一个新闻事例来说明如何运用倒转人物的方法分析问题。

2006年5月，在香港有一位大叔在公交车上大声打电话，坐在他后排的青年拍了拍他的肩膀示意他小声点，没想到那位大叔随即转过身对青年大骂，言辞非常激烈。后来，青年再三向大叔道歉，才使问题得到了解决。有人把这一场景偷拍了下来发布在网上，这个短片在香港引起了空前的轰动。

针对这一事件，我们运用人物倒转思考法把大叔和青年的身份倒转，看看会产生什么联想。如果青年在大声打电话，而大叔坐在他的后面会怎么样呢？我们假设大叔提醒他说话小声点，那么青年会有什么反应呢？他肯定会把声音降低而不是转头大骂。

此外，我们还可以把青年和公交车上的其他乘客倒转。设想一下，青年是公交车上目击此事件的一名乘客，他会怎么样呢？他很有可能会制止事件的发生，因为他是一个"见义勇为"的人，很可能会充当调解者。一个潜藏的问题出现了，为什么发生争吵的时候公交车上的其他乘客坐视不理，这是不是反映了公众普遍性的道德缺失。由此我们想到，如果加强公众的道德意识，那么就不会有人高声打电话给别人造成骚扰，更不会有人在公交车上肆意骂战的事情发生了。

我们头脑里对什么身份的人应该有怎样的行为有固定的看

法，倒转人物就是让我们遇到问题时不要被人物的身份束缚住。你可以随意打乱人物之间的关系，看看会发生什么。也许一些平时被忽略掉的问题就暴露出来了。当你作为局外人，把当事人双方的位置倒转之后，你会发现问题的根源究竟在哪里；当你把自己的身份与别人倒转之后，你会发现原来对他来说事情是另一番样子。

我们常常说要想更好地理解别人，就要学会换位思考，其实倒转人物也是一个换位思考的过程。对同一件事，立场不同的人会产生截然不同的看法。每个人想问题都是从自身利益出发，这样必然会和别人发生冲突。只有站在别人的立场上才能更好地理解别人的做法，只有深入体察别人的内心世界，才能真正做到与别人进行心灵的沟通。

当你觉得别人做错了的时候，将心比心，站在别人的立场上考虑一下，你会发现别人那样做有他的道理；当你觉得有人冒犯了你的时候，设身处地地为别人想想，你的心胸就会变得更加开阔，从而宽容对方。例如，某个城市的交通部门曾举行过这样的活动，让交警和司机互换位置。让那些对交警不满意的司机体验一下做交警的劳苦，让那些对司机满腹牢骚的交警体验做司机的苦处。结果，活动结束之后，交警和司机能够更好地互相体谅了。

"己所不欲，勿施于人"，设想一下如果自己处于对方的位置，你希望得到什么样的对待？如果你是老板，那么请多想想员工需要的是什么；如果你是员工，那么请多想想老板希望你怎么做。做父母的应该站在子女的角度想想子女真正需要的是什么；做子女的应该站在父母的角度考虑一下怎样做才能让父母高兴。

第五节
倒转情景

倒转情景就是要求我们在思考问题的时候，想象一下如果这个问题发生在别的情况下会怎么样，从而引发解决问题的新方法。一件事发生在不同的情景下，会有不同的结果。如果我们把思路限制在已知的情景当中，就很难有所突破。颠倒之后的情景能够让我们的思路变得开阔。

汽车只能在路上跑吗？如果把汽车开到水里会怎么样？或者给汽车加上翅膀，让它在天上飞又会如何呢？

也许倒转情景之后，事情会显得很滑稽，但是这并不影响这种思考方法发挥作用。比如，汽车在水里跑，或者在天上飞，肯定会成为头条新闻。但是，我们并不把设计水陆空三栖汽车作为思考目标，而是把这个倒转情景作为一个刺激思考的契机。

由此我们可以想到汽车如果开到水里，引擎就会遭到破坏，要解决这个问题我们可以考虑把引擎安在车顶上。这种设想是具有实际意义的，在水多的地区也许正需要这样一种把引擎安在车顶上的汽车。汽车要想在天上飞，必须要减轻重量。在陆地上的汽车是不是同样需要减轻重量呢？由此我们可以考虑把汽车设计得更加轻便、小巧。

倒转情景之后，我们就可以看到一些在正常情景中想不到的问题，从多个情景看待一个事件，从而对事件产生更加全面的认识。

比如，在前面我们提到的在公交车上吵架的案例，假设事件没有发生在公交车上，而是发生在私人场所，还会引起广泛的争论吗？这是不是告诉我们，人们很关注公共场所的道德问题。或者我们想象一下，事件会不会发生在其他的交通工具上，比如，在火车上是不是吵架的可能性要小一些，因为火车比公交车的私人空间要大一些；在飞机上根本不会发生这样的事，因为在飞机上不允许接打电话。

倒转情景思考法还可以帮助我们进行大胆设想，这在科学创造方面很有用武之地。比如，按照正常的思路，医生只能在病人体外进行手术操作，但是倒转情景之后我们可以设想进入到人体内部进行手术操作。

1966年，好莱坞制作了一部科幻电影《神奇旅行》。片中几名美国医生为了拯救一名前苏联科学家被缩小成了几百万分之一，他们乘坐微型潜水艇驶进了科学家的体内进行血管手术。40多年后，以色列科学家朱迪和萨马里亚学院科学家尼尔·希瓦布博士以及以色列科技协会科学家奥戴德·萨罗门共同发明了一种可以在血管中穿行的微型"潜水艇"机器人。这种机器人的直径仅1毫米，它可以被注射进病人的血管中，并在血管内穿行，为病人进行治疗。

这种微型机器人具有独特的本领，可以执行复杂的医学治疗任务。它还具有导航能力，既可以在血管中顺流前进爬行，也可以逆着血流的方向，在人体静脉或动脉中穿行。它外面还有一些"手臂"，可以在血管中旅行时抓住一些东西。有了这种微型机器人，就可以在人体最复杂的部位进行医疗手术了。这种微型机器人的发明者声称，它们可以被用来治疗癌症。许多不同领域的医学专家讨论过这种机器人，他们都相信它将派上大用场。

运用倒转情景思考法的时候，尽管进行大胆设想，不要因为倒转之后的情景是疯狂的、不合逻辑的，就放弃这种尝试。你尽可能地把常规的情景抛到一边去，进行随意的联想，然后在疯狂的情景中找到崭新的可行的解决问题的方法。

我们不仅可以进行不同地点的情景倒转，还可以在时间跨度上发挥想象。比如，我们可以设想一下，某件事发生在古代会怎么样，或者发生在未来几百年之后会怎么样。

比如，栽培蔬菜这件事现在有了塑料大棚栽培、无土栽培、气雾栽培、磁力栽培等技术,但是有农药残留的问题,不够健康。我们倒转情景想象一下古代的蔬菜栽培,是不是可以从中得到启发,更加注重绿色、健康和营养价值呢?或者,我们设想在100年之后的蔬菜栽培技术将达到一个什么水平,从太空中带回来的种子是不是可以像魔豆一般不断生长呢?

这些设想至少可以给我们一些启发,让我们的思路更加开阔。

开动你的脑筋

将6枚邮票摆成两条线,使得每条线上有4枚邮票。你能在3分钟之内解决这个问题吗?(答案见附录)

第六节
方式倒转

方式倒转是指把处理问题的方式颠倒过来,从相反或相对的角度进行思考,寻求解决问题的新方法。

为了研制高灵敏度的电子管,需要在最大限度内提高锗的纯度。当时锗的纯度已经达到了99.99999999%,要想达到100%的纯度非常困难。索尼公司为了成为行业霸主,一直致力于这项研究。江崎玲于奈博士组织了一个研究小组，投入到这个科研攻关项目中。

大学刚毕业的黑田小姐是小组的成员之一，由于经验不足，她经常在做实验的时候出错，因此屡次受到江崎博士的批评。黑田开玩笑说："我才疏学浅，很难胜任提纯锗这种高难度的工作。如果让我做往锗里掺杂质的事，我会干得很好。"这句话引起了江崎博士的兴趣，他由此想到如果往锗里掺入别的物质会产生什么效果呢？于是他真的让黑田小姐试着往锗里掺杂质。当黑田小姐把杂质增加到1000倍的时候，测定仪出现了异常的反应，她以为仪器出现了故障，便赶紧报告了江崎博士。江崎博士经过多次掺杂实验之后，终于发现了电晶体现象，并由此发明了震动电子技术领域的电子新元件。这种电子新元件使电子计算机缩小到原来的1/10，运算速度提高了十几倍。由于这项发明，江崎博士获得了诺贝尔物理学奖。

在日常生活和工作中很多事都是约定俗成的，具有特定的做事方法和准则。人们习惯于按照常规的方法处理问题，比如，既然我们的目的是提纯，那么就要想办法把杂质分离出来。如果往锗里添加杂质，那不是南辕北辙吗？但是，荒谬的、不合常理的做法却产生了意想不到的效果。江崎博士正是运用了方式倒转思考法，才取得了成功。

无论是在自然界还是在人类社会中，任何事物都是一个矛盾统一体。有时人们所熟悉的只是其中的一个方面，事实上在对立面也许潜藏着没有被挖掘到的宝藏。运用方式倒转思考法就可以使对立面的价值显现出来。事物起作用的方式与事物自身的性质、特点、作用有着密切的联系，使事物起作用的方式倒转过来，就有可能使事物在性质、特点、作用等方面朝着人们期望的方向改变。

人们习惯性地认为从中药中提取有效成分必须采用热提取工艺。但是，当研究人员用这种方法提取抗疟药青蒿素的时候，总是得不到期望的效果。他们想了许多办法改良热提取工艺，还是起不到任何作用。后来，研究员屠呦呦经过反复思考之后，提出了一个大胆设想：用热提取办法得不到有效的药物成分，很可能是因为高温水煎的过程中破坏了药效；如果改用乙醇冷浸法这种新的提取工艺，说不定可以成功。研究人员按照屠呦呦的提议进行实验之后，真的得到了青蒿素这种具有世界意义的抗疟新药。

不同的方式会对事物产生不同的作用。如果用正常的处理方式不能解决问题，那么我们就要运用方式倒转思考法，考虑一下用相反的方式处理问题会发生什么。对事物起作用的方式改变之后，事物的结构就会发生相应的变化，也许让我们一筹莫展的问题就会迎刃而解。

大家都知道吸尘器的工作原理是把尘土吸到机器里面。但是，你知道吗？为了有效地把让人讨厌的尘土清除掉，人们最早想到的除尘机器是"吹尘器"，即用鼓风机把尘土吹跑。

1901年，在英国伦敦火车站举行了一场用吹尘器除尘的公开表演。但是当吹尘器启动之后，尘土到处飞扬，效果并不令人满意。一个名叫郝伯·布斯的技师看到表演之后运用方式倒转思考法想到：既然吹的方式不行，那么如果用吸的方式会怎么样呢？他并没有停留在设想阶段。回家之后，他用手帕蒙住口鼻，趴在地上对灰尘猛吸，果然有些灰尘被吸到手帕上了。

　　他发现用吸的方法比用吹的方法更有效，于是通过努力利用真空负压原理制成了吸尘器。

　　我们总是对一些问题的惯常的处理方式习以为常，甚至进而认为不可以改变。其实，如果把处理问题的方式倒转过来，也许能产生更有效的结果。

　　方式倒转思考法是一种非常有用的解决困难问题的方法。按照正常的思维逻辑来解决问题，有时会走入死胡同，无论怎么努力都不会有进步。这时如果运用倒转思考法，就可以打开另一条思路，从另外一个方向找到解决问题的方法。

开动你的脑筋

　　瓶塞卡在了瓶口，没有办法拔出来。这时你能想到哪些办法把瓶子中的液体取出来呢？（答案见附录）

第七节
过程倒转

过程倒转就是将事物发生作用的过程颠倒过来,从而引出解决问题的新方法。把事物的发展过程倒过来思考,会刺激大脑产生很多新思路,促使我们寻求多种不同的可能性。过程倒转看起来确实不可思议,因此要想掌握这种思考法还需要有挑战常规思维模式的勇气。

抗日战争时期,敌人把一个小村庄包围了,不让村里的任何人出去。有座小桥是村子通向外界的唯一通道,有伪军在桥上把守。村里的人想把情况向外界透露,但绞尽脑汁也想不出办法。

后来,村里的一个小八路说:"让我试试。"这个小八路在黄昏时悄悄来到小桥旁的芦苇地藏了起来。在夜色的掩护下,他认真地观察小桥上的动静。不一会儿,有几个人从村外走来,守桥的人呵斥道:"回去!回去!村里不让进!"看到这种情况,小八路心里有了主意。他又等了一会儿,敌人开始打盹了。这时,小八路钻出了芦苇地,悄悄上了小桥,接近敌人的时候他突然转身向村里的方向走去,并且故意把脚步声弄得很大。敌人听到后,大喊:"回去!村里不让进!"说着跳起来追上小八路,连打带推地把他赶出了村庄。就这样小八路顺利地把消息带到了村外,为部队打胜仗立下了汗马功劳。

既然想离开村子的人被赶回村子,想进入村子的人被赶出村子,如果你想走出村子,只要假装进入村子不就行了?小八路就是通过颠倒行走过程的办法蒙混过关的。

在《道德经》第三十六章中有这样一段话:"将欲歙之,必固张之;将欲弱之,必固强之;将欲废之,必固兴之;将欲取之,必固与之。"简单的理解就是"欲擒故纵",因为任何事情都是一个运动发展的过程。在发展过程中充满了辩证法,张到一定程度就会歙,强大到一定程度就会变弱,兴盛到一定程度就会荒废,付出到一定程度之后必定会有回报。

《三国演义》中有很多故事体现了这种思考方法的价值。诸葛亮七擒孟获,表面上看,花费了很多时间和兵力才把他降服,实际上最终的效果是使孟获心悦诚服、誓不复反,最终取得了更大的胜利。

开动你的脑筋

在日常生活中,你运用过过程倒转处理问题吗?如果有,请写出来。

1. _____

2. _____

3. _____

第八节
观点逆向

观点逆向就是与合乎常理的观点"唱反调"。

飞机一定要有翅膀吗？

有人用观点逆向法摘掉了飞机的翅膀，他就是广东农民陈建平。他在用手推车推着重物下坡的时候，发现车子很容易失控，而如果换作在前面拉着车子走，只要人跑的速度比车子稍微快一些，就很容易使车子保持平衡并快速前进。

由此他认为，其实车子的平衡和飞机的平衡原理是类似的。那么，如果在飞机的前边加上一个螺旋桨，是不是不用翅膀也可以平稳地飞翔呢？经过不断的研究试验和多方求证，他终于设计出了一种前导式无翼飞机。

飞机有翅膀是正常的、合理的，但是飞机如果没翅膀就一定是不可能的吗？观点逆向就是对那些常规的观点进行反方向思考，从而得到解决问题的新方法。

事实上，很多常规的观点并不见得就正确，比如，通常人们认为完整、对称的东西才符合美的标准，但是，残缺的、不对称的东西真的就不美吗？

当维纳斯雕像在1820年被一位农民发现的时候，她的双臂已经被折断，但是这丝毫不影响它被世人公认为迄今为止希腊女性雕像中最美的一尊。

这位衣衫即将脱落到地上的女神，躯体和肌肤显得轻盈美丽，身体看上去微微有些倾斜，显出正依靠着支撑物——正是这种处理手法使雕像增加了曲线美和优雅的动感美。

人们似乎永远是追求完美的。为了弥补维纳斯像断臂的遗憾，艺术家们试图让其完美无缺，打算替这座雕像接上手臂。他们续接的手臂或举或抬，或屈或展，或空或实，但是这些方案均不理想，就好像女神并不喜欢这些手臂一样。最后，他们只得放弃了追求"至善至美"的举动，保留了维纳斯雕像的残缺……

观点逆向思考法在商界的应用非常广泛，因为这种思维方法很容易带来创新，而在同质化日趋严重的商界，与众不同是取得成功的重要条件。在一次电视访谈节目中，上海炒股大王"杨百万"透露了自己的成功秘诀：当股票最高的时候我就出手，转而买房产；当房产最火爆的时候我就丢了房产去买股票。

运用观点逆向思考法还可以让我们全面地看待问题，不必陷入一些常规观点的束缚之中。比如，有些人高考失利就以为天塌下来了，其实运用观点逆向的思考方法就可以找到其他的出路，参加工作或者学习一门技术。

习惯用观点逆向法思考问题之后,人们会变得理性、客观。当我们悲观的时候,可以运用乐观的、积极的想法寻找可能存在的益处;当我们过于乐观的时候,可以运用谨慎的想法寻找潜在的危险。

一位拳击手在比赛之前总是做祷告。在一次比赛中,他夺得了冠军,人们纷纷向他表示祝贺。有人对他说:"你是不是在比赛之前祷告自己能赢,看来你的祷告很管用啊!"拳击手严肃地说:"我希望能赢,对手也希望能赢。我们不可能同时胜利,如果我们一起祷告的话,会让上帝为难。我做祷告只是希望我们在比赛中不管胜负如何,谁都不要受伤。"

观点逆向可以让人们跳出以自我为中心的思维模式,从而想出更加有效的解决问题的方法。

比如,一个正在织毛衣的妈妈总是被在地上爬来爬去的孩子弄得很烦,这时她应该怎么办呢?把孩子放到婴儿活动区,这是一般的思维逻辑。但是,如果运用观点逆向思考法,我们就可以得到这样的方法:让妈妈到婴儿活动区去织毛衣,这样效果肯定会更好。与此类似的还有野生动物园的经营模式。在传统的动物园里,动物被关在笼子里,人站在外面看。所以,野生动物在狭小的空间中生活,失去了野性。野生动物园给人们提供了一种新的观赏方式:把人关在"笼子"里,让动物自由活动。

开动你的脑筋

老地主去世了,他留下了一份遗嘱:大儿子约翰获得农场一半的马,二儿子詹姆士获得 1/3 的马,三儿子威廉获得 1/9 的马。然而,一共有 17 匹马,这可难住了三兄弟。最终,律师托兹想到了一个方法。那么,他是怎么做的呢?(答案见附录)

第九节
因果逆向

因果逆向思维是指推因及果,然后由果溯因。明白事物之间的因果关系之后,通过制造原因得到你想要的结果。

一位移民到美国的中国人与别人发生财务纠纷要打一场官司。他对律师说:"我们是不是应该约法官出来吃顿饭或者给他送点礼?"律师听后连忙制止:"千万不可!如果你向法官送礼,你的官司必败无疑。"那人问:"为什么?"律师说:"只有理亏的人才会送礼啊!你给法官送礼不正说明你知道自己有罪吗?"

几天后,律师打电话给他的当事人,说:"恭喜您!我们的官司打赢了。"

那人淡淡地说:"我早就知道了。"

律师感到很奇怪:"您怎么可能早就知道呢?我刚从法庭里出来。"

那人说:"因为我给法官送了礼。"

律师万分惊讶:"您说什么?"

那人说:"的确送了礼,不过我在邮寄单上写的是对方的名字。"

当事人那么做确实不道德,但是我们不得不佩服他的逆向思维方式。既然律师说送礼的人必败无疑,如果对方送了礼,自己不就赢了吗?

这种推因及果再由果溯因的思维方式在文学艺术等领域同样非常重要,可以营造一种出乎意料之外,又在情理之中的悬念。一则获奖的电池广告,就巧妙地运用了因果逆向的思维方法。

在广告片中有个人拿着一部照相机在不停地拍照,闪光灯频频闪烁。突然,闪光灯不闪了,那个人试着按了几次快门都没有反应,于是他把照相机放在桌子上取出了里面的电池。按照常规的思维模式,我们会想到电池没电了该换电池了。但是,那个人做了一个出人意料的举动,他把照相机随手一扔,拿来一个新的照相机,然后装上刚才取下来的电池。再拍照的时候,闪光灯又开始不断闪动了。这时观众才明白,原来出问题的不是电池而是照相机。拍照把照相机都用坏了,电池却还有电,可见电池的电量之足。

因果逆向的另一种形式是互为因果。头脑风暴法的创立者奥斯本曾经说过:"对于一个表面的结果,我们应该思考,也许它正是原因吧。而对于一个所谓的原因,我们就要考虑,也许这个原因就是结果吧。我们将因果颠倒一下会怎么样呢?这样的次序问题可能会成为创意的源泉。"法拉第发明发电机的过程就是对这种思维的应用。

1820年,有人通过实验证实了电流的磁效应——只要导线通上电流,导线附近的磁针就会发生偏转。法拉第怀着极大的兴趣来研究这种现象,他认为既然电能产生磁场,那么磁场同样也能产生电。虽然经过多次失败,但他还是坚信自己的观点。经过10年的努力,1831年,他的实验成功了。他把条形磁铁插入缠着导线的空心筒中,结果导线两端连接的电流表上的指针发生了偏转。法拉第据此提出了电磁感应定律,并发明了简易的发电装置。

因果逆向还有一层含义,即以毒攻毒。运用因果逆向思考之后,我们会发现,有时候因即是果,果即是因,致病之因就是治病之药。

琴纳是18世纪中后期英国的一个乡村医生,看到天花威胁着人们的生命,他非常难过。为了治病救人,他一直潜心研究治疗天花病的方法。有一次,检察官让琴纳统计几年来村里因天花而死亡或变成麻子脸的人数。他挨家挨户了解,几乎每家都有天花的受害者。奇怪的是，养牛场的挤奶女工们却没人死于天花或变成麻子脸。他问挤奶女工生过天花没有，奶牛生过天花没有。挤奶女工告诉他，牛也会生天花，只是在牛的皮肤上出现一些小脓疱，叫牛痘。挤奶女工给患牛痘的牛挤奶，也会被传染而起小脓疱，但很轻微，很快就会恢复正常。好了之后，挤奶女工就不会再得天花了。

琴纳又发现，凡是生过麻子的人就不会再得天花。由此他认为：得过一次天花，人体就产生免疫力了。于是，他开始研究用牛痘来预防天花。终于，他想出了一种方法，从牛身上获取牛痘脓浆，接种到人身上，使之像挤奶女工那样也得轻微的天花。他做了一个危险的试验，从一位挤奶姑娘的手上取出微量牛痘脓浆，接种到一个8岁男孩的胳膊上。等男孩长出痘疱并结痂脱落之后，又在他的胳膊上接种人类的天花痘脓浆，结果没有出现任何病症，可见男孩具有了抵抗天花的免疫力。为了确定男孩是不是真的不会再得天花，他又把天花病人的脓浆涂沫到他的肩膀上，事实证明牛痘真的是抵御天花的有效武器。

有时我们所认为的事情的原因未必是唯一的原因，运用因果逆向思考法可以拓宽思维的广度，更加全面地分析事情的原因。比如，在《心智漫游思考法》一书中，有这样一个关于倒转思考的例子：

"老师沉闷的讲解令学生上课不专心。"

倒转为：

"学生上课不专心令老师的讲解沉闷。"

倒转了我们习惯认为的原因和结果，我们的思路就变得更加开阔了。我们习惯于把教学质量不好归咎为老师讲课不够生动、没有热情，导致学生听课的时候不够专心。难道没有别的情况吗？把因果倒转之后，我们想到：学生不专心听讲反过来是不是会导致老师讲课没有热情？于是形成恶性循环。另外，学生听课的时候是不是不够热情？老师讲课的时候是不是不够专心？从这个角度着手，我们就可以更加全面地处理教学质量低这个问题。进一步深究之后，我们会发现为什么学生上课不够热情？可能是对所学内容不感兴趣，或者教学模式过于死板，限制了学生的积极性。是什么使老师讲课不够专心呢？可能是教学以外的行政事务或者个人的私事分散了他们的注意力，或者落后的教学设施让老师感到沮丧。从这些角度着手，就可以使问题得到更圆满的解决。

开动你的脑筋

一艘巨轮停泊在港口，有一个绳梯从甲板上放下，一直到达水面。绳梯共有30条横档，各条横档之间相距20厘米。那么，你能计算出6个小时过后，当海水处于高潮时海面上有多少横档吗？（答案见附录）

第六章

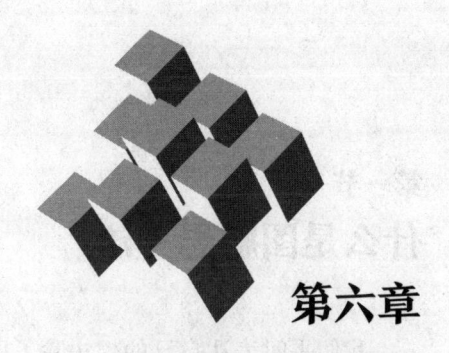

图解思考法：
理清思路，抽象问题具象化

第一节
什么是图解思考法

我们平时表达自己的想法除了用言语就是用文字，你有没有想过用图画来表达自己的想法呢？人类在发明文字之前就是用图画来交流信息的，甚至汉字本身就是从"图画"慢慢发展而来的。从某种意义上说，图画天然就是人类表达思想的有效工具，它更有助于我们进行思考和交流。

图解思考法是一种"用眼睛看"的思考工具，通过插画、图形、图表、表格、关键词等把信息传达出来，帮助我们有效地分析和理解问题，寻求解决问题的方案。

世界著名的心理学家、教育学家东尼·博赞在研究大脑的力量和潜能的时候，惊奇地发现伟大的艺术家达·芬奇的笔记本中充满了图画、代号和连线，他意识到这可能是达·芬奇在很多领域取得成功的原因所在。在此基础上，东尼·博赞于20世纪60年代发明了思维导图，这种思考法一经公布很快风靡全球。

东尼·博赞称赞达·芬奇的笔记本是世界上最有价值的资

料之一。达·芬奇在笔记本中使用了大量的图像、图表、插画和各种符号来捕捉闪现在大脑中的创造性想法。这种思考方法正是他在艺术、哲学、工程、生物等领域获得成功的原因。他的笔记本的核心部分就是图像语言，而文字相对来说处于次要地位。

生物学家达尔文也善于用图解的方式来思考问题。在提出进化论的过程中，他需要尽可能广泛地收集每一物种的信息，并对物种之间的关系进行分析，此外他还要解释各种纷繁复杂的自然现象。为了完成这项艰巨的任务，他设计了一种像分叉的树枝一样的思维导图笔记形式。他发现这是一种非常有效的收集和整理数据的方法，他用了15个月的时间绘制出一幅树状思维导图之后，提出了进化论的主要观点。

这是一种创造性的有效的整理思路的方法，你可以通过这种方法把大脑中的信息提取出来，用图画的方式表达出来。运用这种思考法你可以把很多枯燥的信息高度组织起来，遵循简单、基本、自然的原则使其变成彩色的、容易记忆的图。

东尼·博赞说："电脑、汽车等都有很厚的说明书，而人的大脑这部全世界最有深度和力量的机器却没有说明书。"可以说图解思考法就是大脑的使用说明书，这种思考法与我们的大脑的工作原理一样。也许你会认为大脑的工作太复杂了，其实它的基本工作原理很简单，就是想象和联想。不信你可以试试看，当你看到汽车这两个字的时候，你的大脑里出现了什么？肯定不是打印出来的两个字——汽车。你的大脑中呈现出的是行驶在公路上的汽车的图像，或者陈列在汽车销售场所的样车，进而你会联想到奔驰、宝马等汽车的品牌，或者驾驶汽车兜风时的感觉。总之，接触到某一思考对象时，你的大脑中就会出现与该问题相关的三维立体画面，这个画面只在一瞬间就产生了，可见你的大脑比世界上最高级的计算机还善于思考。

但是，当大脑进行无意识的想象和联想的时候，它的工作效率会比较低。也许你有过这样的经历，在写工作总结或者策划方案的时候，冥思苦想很长时间也写不出几行字。因为你的思路很乱，没有条理，一时找不到自己需要的信息。想象一下，你到一座图书馆去借书，但是图书馆里的书杂乱无章，管理员不客气地对你说："你要找的书就在这一堆里，自己找吧。"这是不是很让人头疼？事实上，很多人的大脑就像一座杂乱无章的图书馆，虽然存储了很多信息，但是那些信息处于无序的状态。图解思考法能够使我们大脑中的信息变得井然有序，使大脑具有出色的存储系统和信息检索功能。

图解思考法就是把大脑中充满图像的思考过程显示在纸上，使已知的信息一目了然，使信息之间的关系条理分明。你的思路可以围绕思考对象向各个方向发散。

用图解思考法做一个思维导图类似于绘制一张城市地图，思考对象即城市中心，从城市中心引发出的主干道代表由思考对象引发的主要想法，二级街道代表次一级的想法。如果你对

■ 思路发散

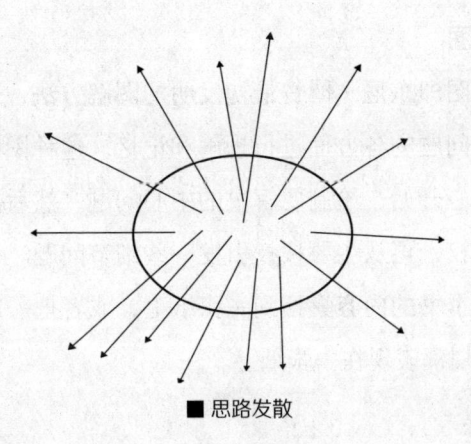

某一点特别感兴趣还可以用特殊的图像表示。

当你围绕某一思考对象绘制出一个全景图之后，你就从大脑中提取了大量信息，你可以明确地看出实现某一目的的途径，从而制订出富有创造性的解决问题的方案。

第二节
图解的类型

图解思考法提出至今，经过不断完善和发展，衍生出了很多不同的类型。根据需要，在面临不同问题的时候适合使用不同类型的图解。这里我们介绍几种常用的图解类型。

思维导图

思维导图即东尼·博赞最初发明的图解方法，适用于帮助我们对某一问题的各方面进行理解和记忆。这种图解法就是从一张纸的中心开始，绘制要解决的中心问题，然后从中心引出一些主要枝杈，再从主要枝杈引发一些细节问题。你可以用这种办法把一本书的内容囊括到一张纸上，或者把一周的家务安排或职业规划都表现在一张纸上。

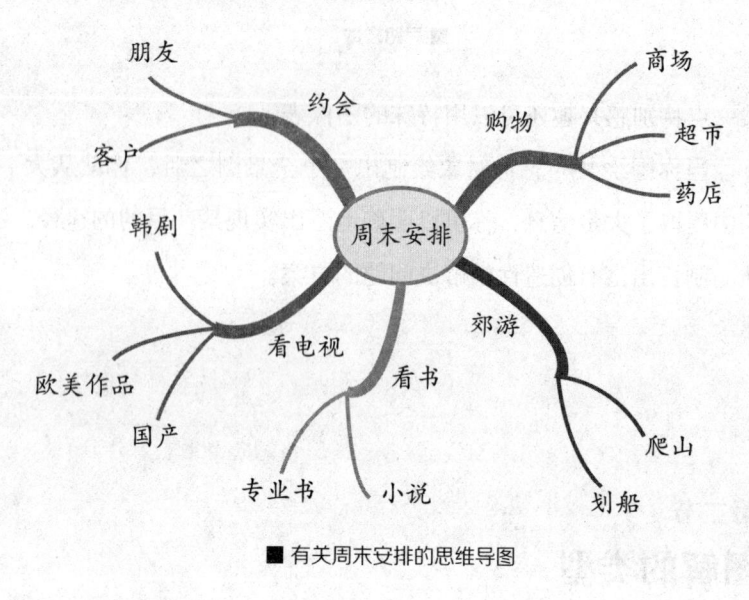

■ 有关周末安排的思维导图

逻辑型图解

逻辑型图解有助于统揽全局，全面地、彻底地解决问题。任何问题都不止有一种解决办法，当你面对一个问题的时候要问问自己都有哪些办法可以达到同一个目的。比如，当我们考虑增加利润的方法的时候，就会想到增加销售和降低成本两条思路，是不是还有其他的选择呢？在绘制图表的时候，我们有必要在这两者之外，加上第三条分支：其他收益。

站在思考对象的角度寻找解决问题的方法时，我们要问自己："应该怎样做？"相反，站在解决方法的角度，我们要问自己："为什么要这样做？"这样就系统地把思考对象和关键词之间的关系连接起来了，不至于迷失方向，还可以避免出现重复和遗漏现象。

逻辑型图解有两种基本形式，一种是逻辑树，一种是金字塔。逻辑树是从左到右推导解决问题的办法；金字塔是指将事实向上积累，推导出结论的结构图。此外，还可以运用算式来

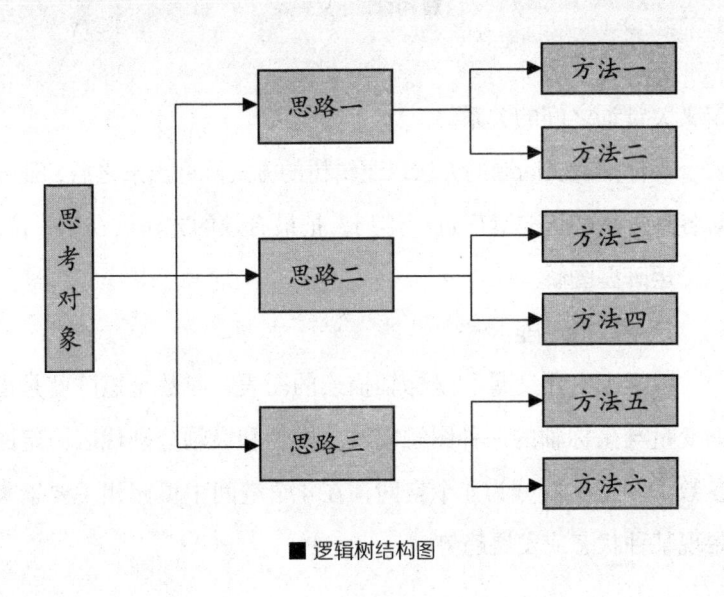

■ 逻辑树结构图

■ 金字塔结构图

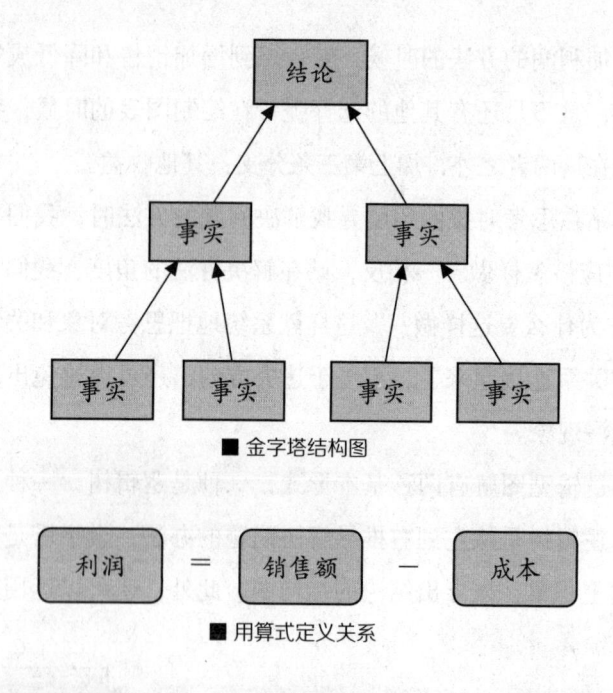

利润 ＝ 销售额 － 成本

■ 用算式定义关系

定义关键词之间的关系。

当你把解决问题的方法以逻辑树的方式陈列出来之后，还要对各种方法的优先顺序进行排列，把最有效的方法放在第一位。

矩阵型图解

1. 参数型矩阵

数学上有用变量和坐标轴描绘的图表，参数型矩阵就是借助变量与坐标轴的一种图解模式。横轴和纵轴分别代表一定的参数，并把平面分为4个空间，在4个空间中填充相关要素来展现某种状态或发展趋势。

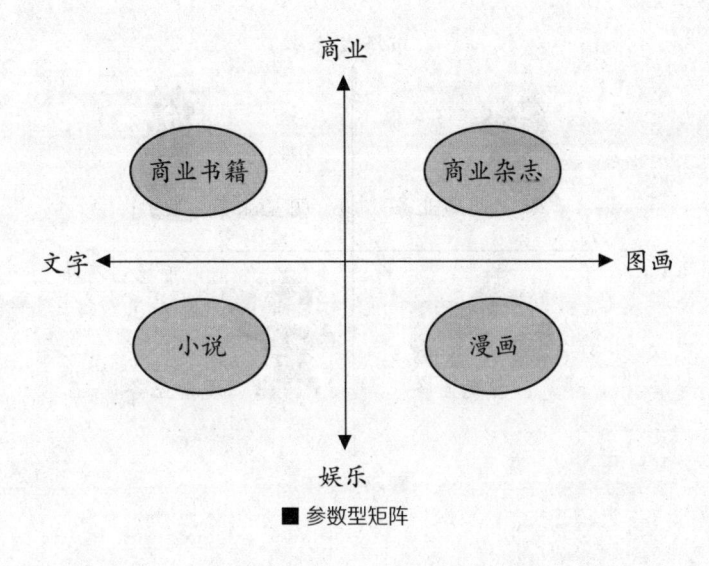

```
         商业
          ↑
   商业书籍      商业杂志

文字 ←————————————→ 图画

     小说          漫画

          ↓
         娱乐
    ■ 参数型矩阵
```

2. 箱型矩阵

箱型矩阵也是在横轴和纵轴上有一定的参数，它的特点是按照参数的大小和高低对4个空间进行分类。下边的图解是在市场营销中常见的产品组合管理矩阵，横坐标为市场占有率，纵坐标为市场成长率，按照箭头所指的方向，参数由低变高。右上方的业务，市场占有率高，市场成长率也高，有发展前景，是最有竞争力的业务，因此称之为"明星业务"；右下方，市场占有率高，市场成长率低，继续保持高市场占有率就能取得高利润，可以称之为"现金业务"；左上方，市场成长率高，市场占有率低，还处在发展阶段，经过调整很有希望提高市场占有率，所以称之为"问题业务"或"问题少年"；左下方，

■ 箱型矩阵

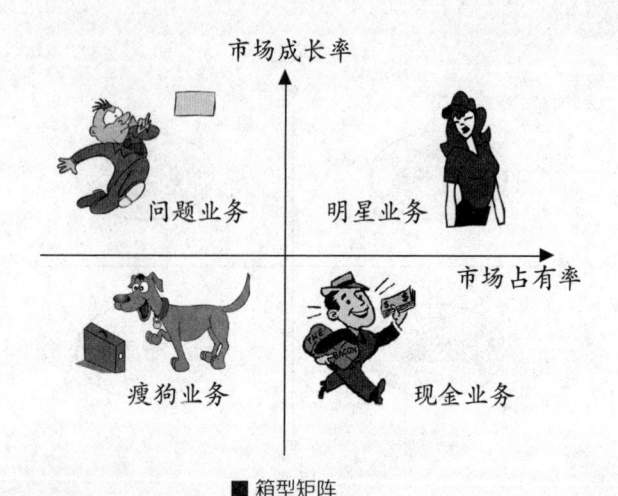

市场占有率低，市场成长率低，夺回市场的可能性很小，应该考虑退出市场了，那部分业务称之为"瘦狗业务"。

3. 情报型矩阵

这是适用于整理信息的典型的图解类型，简单地说，也就是分项列举的表格。具体画法是，先画出四方形的外框，然后在最上边一行和最左边一列填上相关的项目名称，在其余的表格中填写文字信息。比如，课程表就是一个很好的例子。

4. 检查型矩阵

检查型矩阵同样是以常见的表格为表现形式，但是用符号代替文字信息，适用于做标记的图解。比如用Y（N）或者√（×）代表对错，用●代表已有的或已做的，用○代表未有的或未做的。

过程型图解

1. 过程图

过程图适用于展现公司的运作过程，几乎所有工作都需要经过好几道工序才能完成，过程图就是把作业过程的宏观构架展现出来。通过绘制过程图，我们可以检查工作程序中的不足之处并进行改进。比如，在产品行销过程中，市场调查这个环节非常重要，但是却往往引不起足够的重视。运用过程图可以清楚地显示各个环节的作用。

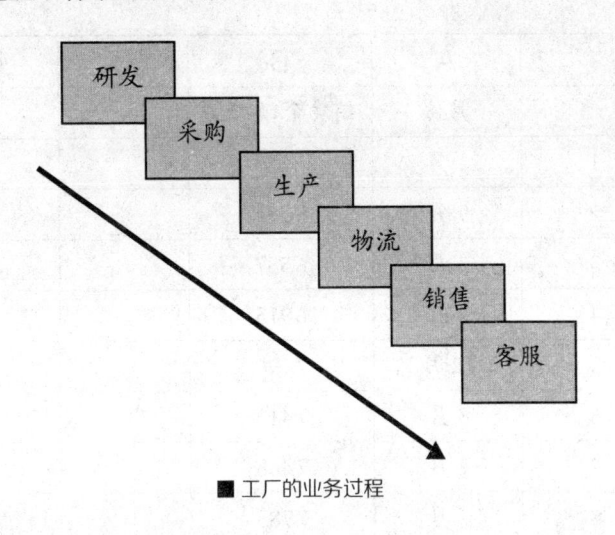

■ 工厂的业务过程

这是一个很简单的业务过程图。其中的每一个环节还可以继续展开，显示出细节化的业务过程。

2. 流程图

过程图表现的是过程的整体概要，流程图则侧重于细节的分析，适用于复杂的作业过程。流程图能够体现出多个部门之间的联系，因而也适用于横跨多个部门的业务。

图表型图解

Excel 软件的应用使数据整理变得非常方便，按照一定的顺序排列的数据可以帮助我们轻松地看出事物的发展趋势，从而快速掌握整体概要，方便我们做出相应的对策。下面的图表是对某产品销售额进行的升序排列之后的结果，哪几个月销售额较大一目了然，我们可以从中找到一些规律以提高销量。

	A	B	C	D
	月份	销售金额(元)		
1	1月	6325		
2	9月	6394		
3	3月	6587		
4	6月	6915		
5	12月	7196		
6	8月	7413		
7	2月	7468		
8	7月	7785		
9	11月	8431		
10	5月	8732		
11	10月	8752		
12	4月	9514		

除了这种常见的图表之外，还有饼图、柱形图、折线图、圆环图、雷达图、气泡图等多种形式，可以增强视觉效果，更加直观、形象地表现数据之间的关系。

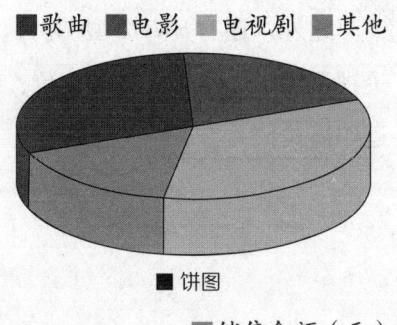

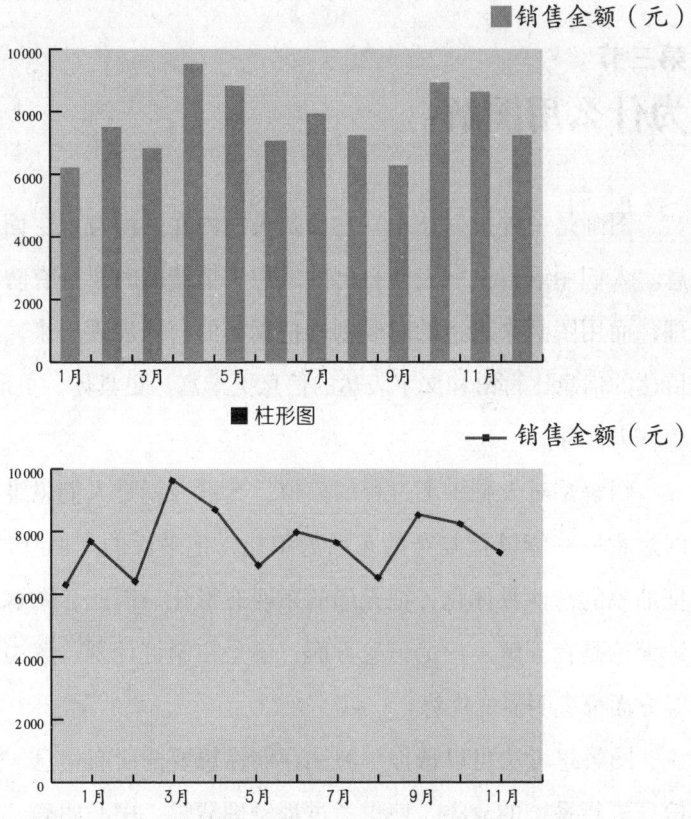

■歌曲 ■电影 ■电视剧 ■其他

■饼图

■销售金额（元）

■柱形图

■销售金额（元）

■折线图

此外，还有 SWOT 型图解，适用于分析目前所处的形势；透视型图解，适用于焦点定位；模式型图解，适用于程式化的运作模式。

第三节
为什么用图解

图画是一种投射技术，它反映人们内在的潜意识层面的信息。人们用语言文字表达自己的思想和情绪的时候会有防御心理，而用图画来表达的时候则会把真实的自己展现出来。图画传达的信息比言语和文字表达的信息更丰富、更具体、更形象、表现力更强。

图解是对人脑思考过程的模拟，其本身就是人们思维加工的过程——能够把复杂的东西简单化，把平面的东西立体化，把抽象的东西具体化，把无形的东西有形化。因此，图解思考法无论是在理解、记忆信息方面，还是在制订计划、解决问题等方面都有明显的优势。

图解思考法可以帮你学习和存储你想要的所有信息，并对信息进行系统的分类，使思考过程条理清晰、中心明确。图解思考法还可以强化大脑的想象和联想功能，就像在大脑细胞之间建立无限丰富的连接，让你更有效地把信息放进你的大脑，或是把信息从你的大脑中取出来。

一般来说，用图解的方法思考问题与用文字思考问题相比有很多优点，主要方面如下表所示。

语言文字表达	图画表达
防御性、掩饰	潜意识、真实的自己
复杂、平面、抽象、无形	简单、立体、形象、有形
线性、循序联想	四通八达、随机存取联想
杂乱无章，不容易理解、记忆	有序、彼此连接，很容易理解、记忆
费时、费力、费纸张	省时、省力、省纸张
模棱两可、可能会遗漏信息	尽可能全面、多种可能性
呆板、单调、传统	活泼、醒目、有创造性

阅读文章必须逐字逐句依照前后顺序阅读，还要注意前后文的关系，否则断章取义可能会误解文章的意思。用文字做笔记也是一样，从上到下呈线性地一行一行地写下来，既没有重点显示，又需要花费一定的时间来理解。文字的这种前后连续的关系要求我们进行"循序联想"。这种思考方法费时费力，而且不容易理解、记忆。

我们再来看图解思考法，无论你开始时把着眼点放在哪里，都能很好地理解图中的意思，因为各个关键词之间的关系一目了然。这是一种"随机存取"的联想,你可以在短时间内找到你需要的信息。

借用文字和言语沟通的时候,常常会出现前后矛盾和信息欠缺的问题。尤其是一些长篇大论,表达的一方可能会顾此失彼、遗漏信息。阅读的一方很难在短时间内把握文章的中心思想,常常看不清楚文章的脉络关系。如果把文章的内容图解化,矛盾和缺失之处就会显露出来,传达的信息就会很容易理解。如果信息之间存在逻辑矛盾,就不能用图解的方式来表达。

我们曾把人的大脑比作一个图书馆,里面存储了很多信息,但是这些信息处于散乱状态。运用图解的方式,我们就可以使各个信息之间的关系清楚地表示出来,当提到某一个信息时,与之相关的信息都会浮现出来。这可以使你更容易地学到更多的东西。

你有没有这样的经历,在学习过程中很难记住一些内容,尤其是历史事件、政治理论等内容,就算死记硬背记住了,也会很快忘掉。图解思考法可以帮助我们更好地记忆,更有效、更快速地学习。当你把一段文字用图解的方法表示出来之后,你就能很容易地记住文字的内容,而且过后也不容易忘记,因为图解展示内容的方式与大脑的工作方式一致,可以把文字内容更有系统地整理出来。

东尼·博赞在十几岁的时候就发现了一个悖论:他所记的

笔记越多，学习和记忆力就越差。为了改变这种状况，他在笔记中关键的地方画红线，重要的地方画框框，很快，他的记忆力就得到了提高。他后来发明的思维导图实际上就是一种创造性的记笔记的方法，使用颜色、符号、图像和关键词把信息描绘出来，形成一幅彩色的、高度组织的、容易记忆的图画。

他发现世界上99.9%的人都在使用文字、直线、数字、逻辑和次序的方法记笔记。这确实很有用，但是这并不完整。这种方法体现了左脑的功能，但没有体现右脑的功能。右脑负责处理影像、图形，所以擅长图解的人相对来说右脑比较灵活。人脑对图像的加工记忆能力大约是文字的1000倍。然而大多数人的右脑处于沉睡状态，只开发了不到3%的潜能，如果把右脑的功能全部利用起来，我们的大脑的思考能力将提高30倍。

很多企业都将图解思考法应用于企业的决策、研发等环节之中，比如，美国波音公司将所有的员工飞机维修工作手册绘成一张长7.6米的大思维导图，使得原来要花1年以上的时间才能消化的数据，现在只用短短几周就可以了解清楚。波音公司项目负责人迈克·斯坦利说："使用图解是波音公司质量提高的有效手段之一。它帮助我们节省了1000万美元。"

图解思考法可以使我们集中注意力，避免模棱两可的表达，对思想进行梳理并使它逐渐清晰，看到问题的全景。我们用文字表述一件事的时候很容易偷懒，只要在句尾加上"等等"就可以把一些信息带过，比如，公司里有销售、采购、人事等部门。运用图解思考法，就可以尽可能完整、清晰地把信息表达出来。

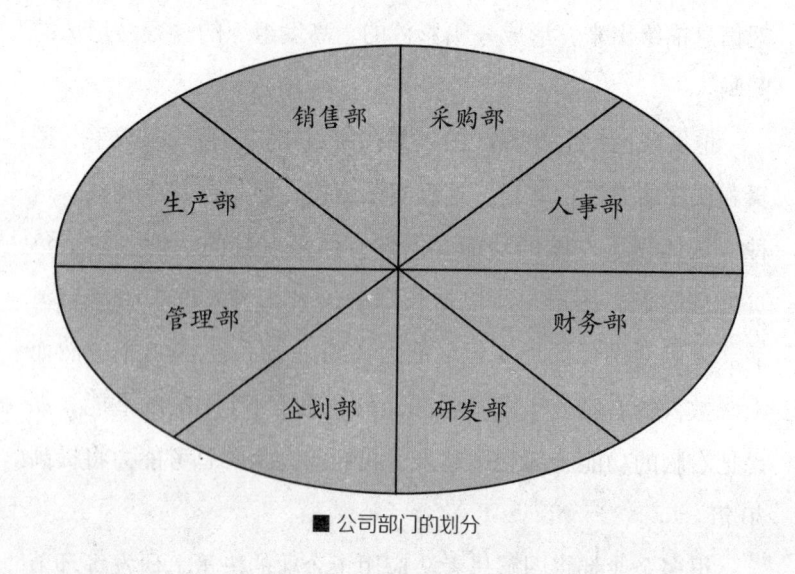

■ 公司部门的划分

运用图解可以使发散思维得到的想法和创意更加直观地展现在纸上。当我们用言语和文字来表述发散思考得到的结果时，大脑处于盲目的、无序的状态，可能会遗漏一些解决问题的办法。把我们的思想绘制成图，因为条理清楚，所以能够更全面地搜寻各种潜在的可能性，帮我们在短时间内找到更多的解决问题的办法。

当我们用文字表述的时候，只能用黑色、蓝色钢笔或圆珠笔来书写，放眼望去，你的笔记是一种单调的颜色，这让人感到呆板、乏味，甚至会产生厌烦心理。图解思考法活泼、醒目，文字、数字、符号、颜色、味道、意象、节奏、音符等多种形式都可以灵活运用，可以充分调动左右脑的功能，运用图像语言进行创造性思维，让我们的大脑最大限度地发挥想象和联想，在各个领域产生无数创意。

第四节
读图时代

我们常常听到读图时代这个词，就是说我们进入了这样一个时代：文字让人"厌倦"，相对来说图片能更快捷地传达信息，图片的灵活多变性更能刺激我们的眼球，丰富我们的求知欲和触动我们的神经。繁琐的文字不如图片简单易懂、印象深刻。一幅涵义深刻的图画，配上两三个字的标题，就能让人心领神会。总之，图解就是一种用眼睛看的思考方式，几乎所有的东西都可以绘制成图。

有时，运用图画可以使传达信息的效率大幅度提升。比如，你这个月的工作行程安排，与其用文字的形式一行一行地描述，不如用图表的方式表达更一目了然。

本月工作行程安排表

1日	2日 9:00 开会	3日	4日	5日	6日
7日	8日	9日 15:00 报告	10日	11日	12日	13日
14日	15日	16日	17日	18日 11:00 检查	19日	20日
21日	22日	23日 9:00 值勤	24日	25日	26日	27日
28日	29日	30日 15:00 讨论				

有人可能会担心用图画表达思想会给沟通带来障碍，这种担心是多余的，因为图画天然的功能首先是表达和沟通，其次才是美学意义。事实上，用图画传达信息比用文字和言语传达信息更直观、更有效。

你可以用图解思考法计划一次演讲、处理家庭事务、准备购物、计划一个浪漫周末或者说服别人。

繁琐的家务事让家庭主妇感到头疼，她们既是妻子，又是母亲，还有自己的工作，如果不能对各项事情进行合理的安排，生活就会陷入一片混乱。儿子可能会从学校打电话来抱怨忘了带球鞋；丈夫可能会提醒她有一个重要的商务晚餐；明天有朋友来家里吃饭，但是可能没有足够的食物……

有一位家庭主妇了解图解思考法之后，开始运用图解思考法为每天、每周、每月的家庭事务制订计划。她把图贴在冰箱的门上，为的是每天都能看到。这种方法使一切都井然有序了，并且保证了在家务管理方面有非常高的效率。她在周末绘制下一周的家务图，然后在下一周当中不断完善它。

当你想理解一篇艰深难懂的文章的时候，或者想记住一些信息的时候，同样可以借助图解的方法。运用图解你可以把一本书的信息展现在一张纸上。因为每一个图像都包含许多个词汇，看到一个图形你就能想起一系列的相关信息。

甚至计划一次商务风险投资，或者规划自己的美好未来，都可以用画图的方式来解决。每个人都对自己的未来有美好的愿望，运用图解这种世界上尖端的思维工具，你可以使自己的愿望视觉化，这会大大增加你实现愿望的可能性。

准备一张足够大的纸，然后让你的想象力爆发吧！你可以把自己想实现的一切愿望表现在纸上，包括事业、学业、婚姻以及物质领域和精神领域。你还可以在以后的生活中经常审视你的未来图像，并对它进行修正和补充。把目标视觉化之后，它会深刻地印在你的脑海中，并指导你朝着实现它的方向前进。很多人尝试使用图解思考法来规划自己的未来，并发现它真的具有神奇的力量，短短几年之内，他们的愿望80%都实现了。

你还可以对理想生活中的每一天做一个图解，描绘出完美一天的要素，并力求实现它们。这会给你的生活添加快乐和希

■ "你的未来"的图解

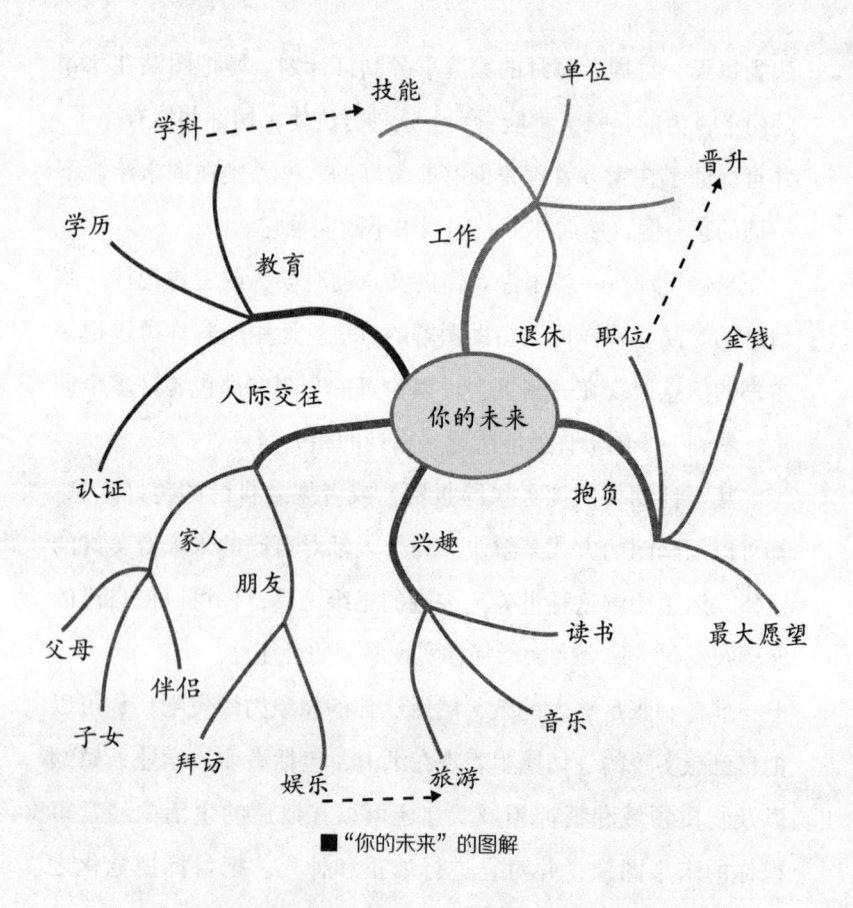

望。当你把图解思考法应用在生活中的各个领域之后，你会发现它能使你的生活变得更加丰富、高效、充实、成功。

没有什么是不能通过图画来表达的，如果你看到一个问题无法进行图解，原因很可能在于信息不足，或信息之间存在矛盾。

第五节
怎样做图解

通过前面所讲解的图解思考法的神奇功效,你是不是已经跃跃欲试,打算绘制自己的第一张图了?也许开始时你会觉得很难绘制,其实一点儿都不难。

图解最基本的原则就是放弃成段的文字,改用图形、表格、图表和插画来表达自己的意思。首先,将头脑中想到的事情用一些关键词写在一张纸上,充分运用想象和联想把头脑中浮现出的信息全部写下来,然后用线条把相关事件连接起来,或用一些符号把事件之间的关系表示出来。这样图解就完成了一半。

有了整体轮廓之后,再从细节着手,加入一些基本图形或插画,使所有信息都有视觉化的效果。这样的图解更生动、更形象。

图解思考法和其他思考法一样也要经过训练才能掌握其中的诀窍。绘制之前要准备一张大一点的白纸,然后,保持自由的心态,就像在白纸上画画一样,发挥你的想象力。之所以在刚开始绘制的时候要使用大一些的纸,是因为最初使用这种方法的时候难免要发生逻辑错误。图解只有具备逻辑性才有说服力，必须经过不断练习才能使错误逐渐减少。这是一个必要的过程。图解思考专家西村克己说："绘图不可欠缺的工具是橡皮擦。"

首先要明确自己想通过图解解决的问题是什么，是为了更好地理解一篇文章，还是为了制订一项计划，或者为了寻求新颖的创意？明确目标之后，才有搜寻信息的方向，从而绘制出与问题相关的全景图。

绘制时应注意：

1. 着手绘图之前要确定整体的布局和结构，保证完成之后的图解和谐美观。

2. 在中心位置绘制你的思考对象，周围留出空白。用简短的大号字表示出要解决的中心问题。这样可以让你的思维向四面八方自由扩展。

3. 用图画来代表一些值得关注的思考点。一幅图可以刺激大脑进行想象和联想。图画越生动，越能使大脑兴奋。

4. 在绘制过程中尽量使用彩色。色彩同样可以使大脑兴奋，使你的思维更加活跃。而且，色彩可以使信息摆脱呆板、单调、沉闷的气氛，让你的图解变得有趣。

5. 将思考对象与由此引发的思考点连接起来，使各个部分的关系明确起来。这样可以使大脑更容易地发挥联想，从而对信息进行有效的理解和记忆。

6. 在每条分支上写上关键词，尽量不要使用短语和句子。

两三个字的关键词既能指引你的思考方向，又能给思维留下广阔的想象空间。

7.尽量多地使用图形。图解中的图形越多，那么图解的内容就越丰富。但是，要注意图解的美感与和谐度。

8.一张纸解决一个中心问题。如果妄图在一张纸上表达太多的问题，就会让人感到混淆不清，使问题更加难于解决。如果思考对象相当复杂，也可以试着把它分解成两三个项目进行思考。

从众多的信息中找到合适的关键词需要一定的技巧。在表达意思的时候，如果修饰词和连接词没有什么意义就可以删除掉，或者用箭头和连线代替。你在平时阅读的时候，可以在能够表达文章中心思想的重要词下画线，用这种方法来训练自己寻找关键词的能力。

与思考对象相关的关键词会有很多，如果用单一的颜色或单一的图形来表示就会造成混乱、没有条理。表达关键词有一定的技巧，我们可以把关键词分为三类，用三种颜色或三种不同的图形来表示。假设我们把 A 作为一类，那么与 A 类相反的信息就是 B 类，剩下的其他情况归入 C 类。可以把 A、B、C 分别用红色、黄色、蓝色来表示，或者分别用圆形、方形、三角形来表示。

找到与思考对象相关的关键词之后，把意思相近的关键词组合在一起，如果有重复的地方可以擦掉一个。然后，用符号将关键词圈起来,就有了图解的模样。接下来,把有因果关系、包含关系、对立关系的关键词用箭头连接起来。这样你就绘制了一幅全景图。

不要一开始就期待绘制出完美的图,在开始绘图的时候可能把握不好图形的布局和整体结构,不能对信息进行有效的分类处理。俗话说熟能生巧,经过一些练习之后,你就能很好地掌握图解的技巧了。

开动你的脑筋

运用图解展示出你的节假日活动。

第七章

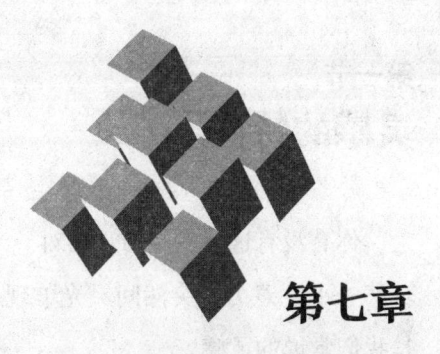

灵感思考法：
用潜意识思考，捕捉灵感火花

第一节
灵感的特征

你有没有这样的经历：面对一个问题百思不得其解的时候，转移一下注意力，突然间灵光乍现，想到了一个好办法。这就是我们常说的灵感。

灵感不是凭空产生，而是建立在长时间探索的基础之上的。如果你长时间思考某一问题而得不到解决的办法，暂时把问题搁置在一边，去干别的事或者休息一会儿，往往会忽然受到某一事物的启发，想到解决问题的办法。因为在你干别的事或休息的时候，潜意识处于活跃的状态，还在继续思考，外界的偶然刺激会给潜意识带来启示，并进入意识层面的思考。潜意识中存在大量的信息，信息量比意识层面丰富得多。当意识停止思考的时候，潜意识还在做大量的尝试，把各种信息与思考对象联系起来，一旦找到解决问题的方法就会与意识建立连接，表现为灵感的出现。

灵感具有以下特征：

1. 突发性和触发性

灵感总是给人带来意外惊喜，你不知道在哪一刻潜意识中的信息会与外界信息突然接通，引发奇思妙想。当年，约翰·施特劳斯在多瑙河边散步的时候，美丽的风景激发了他的灵感，由于没有带纸，他竟然把《蓝色多瑙河》这首著名的曲子写在了衬衫上。因此，为了捕捉灵感，我们应该随身携带一支笔和一个笔记本，在枕边也要准备好纸笔，也许灵感会在睡梦中拜访你。唐人李德裕曾以"恍惚而来，不思而至"来表述灵感的突发性。当你费心费力地寻求它、等待它时，它却偏偏不来；而当你准备放弃、不再理它的时候，它却突然降临了。

灵感的触发性表现为主体与客体的碰撞，即外部事物对潜意识的偶然刺激。屠格涅夫乘船游莱茵河时看到岸边楼上眺望的老妇和少女，产生了灵感，由此写成《阿霞》；列夫·托尔斯泰看到路旁被折断却仍顽强生长的牛蒡花，产生了创作灵感，写成了《哈泽·穆拉特》……

古希腊著名的物理学家和数学家阿基米德的故事就很好地说明了灵感的触发性。有一次，工匠为国王做了一顶金冠，国王怀疑工匠偷工减料，在王冠里掺杂了其他的金属，但是又不知道如何检验。于是，他让阿基米德想办法弄清楚金冠是不是纯金的。

阿基米德被难住了，冥思苦想却一直想不出办法。有一天，他去洗澡。他刚站进澡盆的时候，水就上升起来，他坐了下去，水就溢到了盆外。他恍然大悟，兴奋地从澡盆里跳出来，没穿衣服就跑出去，大声喊着："我知道了！我知道了！"周围的人以为他疯了，事实上他找到了检测金冠的办法。

阿基米德找了一个水罐,将里面注满水,又向国王要了一块和工匠做王冠用的一样重量的纯金。然后,他分别将王冠和纯金放入水罐。结果发现放王冠时水罐里溢出的水要比放纯金块溢出的水多。阿基米德由此断定,工匠给王冠里掺了其他金属。

2. 瞬间性

灵感转瞬即逝,如果你没有来得及抓住它,它就会飘逝得无影无踪,给你留下遗憾。因为灵感是潜意识带给我们的指引,有点像梦中的景象,稍不留神灵感的火花就会熄灭。

宋代诗人潘大临的一次经历可以证明灵感的瞬间性。在临近重阳节的时候,下起了一场秋雨。他诗兴大发,随即赋道:"满城风雨近重阳。"就在这时,一个催租人突然闯了进来,打断了他的创作灵感,他便再也写不出下文了。尽管催租人走后秋雨依旧,但诗人再也找不到灵感了。

3. 情感性

当灵感来临时,是一种顿悟的状态,往往伴随着情绪高涨、神经系统高度地兴奋。尤其在艺术创作领域,灵感的情感性特点体现得非常突出。

郭沫若创作《地球,我的母亲》的时候,突然间来了灵感,他竟然脱了鞋,赤着脚跑来跑去,甚至索性趴在地上,去真切地感受"母亲"怀抱的温馨。

4. 模糊性

灵感只是给你指明一个方向、一个途径,要想取得最后的成果，还要对它进行深入的加工。有时，灵感只给我们提供了一些零碎的启示和线索，沿着这条线索进行思考，就能得出意料之外的成果。

5. 独创性

灵感有时会给我们带来令人耳目一新的奇思妙想。灵感的出现是创造性思维的质的飞跃，它不是逻辑推理的结果，而是在外界事物的刺激下对原有信息进行的迅速的改造。

灵感的独创性还体现为它的不可重复。灵感来临时，会在大脑皮质产生复杂的神经联系，一旦注意力转移，这种神经联系就会处于消极状态，即使再用与之前相同的客观事物进行刺激，也不会带来更多的灵感了。

第二节
诱发灵感

诱发灵感是指根据生理、心理、爱好、习惯等方面的特点，给灵感的到来提供一定的环境，促使解决问题的方案在头脑中产生。欧阳修有句名言："余生平所作文章，多在三上：乃马上，枕上，厕上也。"说的就是这个道理。可能对欧阳修来说，在马上、枕上、厕上的时候,思维更加活跃,更能够诱使灵感出现。

第二次世界大战期间,美国将军赖特曾负责制订作战计划。他是一位优秀的将军,总能想到完美的作战计划。据他的助手透露,他和下属一起轻松地吃完午餐之后,就独自在办公室里待一个小时。在办公室里,他舒展开四肢躺在沙发上,望着天花板。当他从办公室走出来的时候,他就能想出至少一个新奇的方案。

赖特正是运用了诱发灵感的方法,有意识地营造有助于产生灵感的情境,使解决问题的方案快速在头脑中产生。心理学家研究发现,当人的心理和生理处于放松状态的时候,常常会有灵感产生。因为这时大脑优势兴奋中心被抑制了,兴奋中心外围的大脑皮质细胞开始兴奋起来,并产生具有创造性的解决问题的方法。

酒精可以刺激大脑神经系统,并诱发灵感。

天宝元年,李白受举荐来到长安,唐玄宗对他礼遇有加,封他为翰林。有一天,唐玄宗与杨贵妃在沉香亭观赏牡丹,雍容华贵的牡丹开得正艳。唐玄宗忽然想到了李白:为什么不让他写几首诗文赞美一下这些牡丹呢?于是就命高力士去找李白——李白正在长安的一家酒楼畅饮。

高力士扶着酒醉的李白来到唐玄宗面前,唐玄宗看到这番情景,生气地说:"朕本来想让你写几首诗文,为朕和贵妃赏牡丹助兴，你现在醉成这个样子，还能够赋词吗？"李白说："臣越是醉酒越能写出好诗来，请皇上赐酒。"玄宗立即命高力士为李白斟酒、研墨，李白畅饮三杯酒之后，握笔蘸饱墨汁，一气呵成，写出了三首脍炙人口的《清平调》。

想一想，在哪些时候我们的大脑处于放松的状态？很多诗人和作家都是在散步的时候捕捉灵感的。潜意识里的信息可以趁着意识层面的思维空当，突破意识与潜意识之间的障碍，把信息传达给意识使用。这时的潜意识非常活跃，很有可能会想到解决问题的方法。

此外，诱发灵感的有效方法还有假寐和冥想。假寐是指清晨起床之前保持似醒非醒的状态，回忆一下悬而未决的问题，以求获得灵感。在这种状态下，思考既可以梳理意识层面的东西，又可以调动潜意识的工作，即使得不到灵感，也可以对以往的思考做一个总结性的回顾。长期保持这个习惯就能使创造性思维得到训练，促使灵感频繁地产生。冥想就是停止意识层面的一切思维，专注于自身的呼吸或某种意识，使自己沉浸在抛开万物的真空状态。当你排除杂念之后，各种不良的情绪就会大大缓解，增强大脑皮质细胞的活性，使潜意识最大限度地发挥思维能力，从而带来灵感。冥想的方法有很多种，除了打坐冥想之外，还有音乐冥想、芳香冥想，等等。

所有诱发灵感的方法都是为了达到使大脑放松的目的，大脑放松之后可以降低耗氧量，这时意识与潜意识之间的信息可以更畅通地交流。适合每个人的诱发灵感的环境不一样,你可以根据自己的喜好和实际经验选择一种适合自己的做法。

第三节
触发灵感

触发灵感是指在长时间钻研某个问题的过程中,忽然在某些外部事物的触发下产生灵感,找到了解决问题的办法。

解析几何学的建立就是通过触发灵感取得成功的典型的例子。

法国数学家笛卡儿长期研究如何把几何和代数这两门学科统一起来,经过不断的努力还是找不到办法。有一天,他躺在床上,发现一只苍蝇在天花板上爬,于是耐心地观察起来。忽然,他想到苍蝇、墙角以及墙面和天花板不就是点、线、面吗?点、线、面的距离可以用数字来表示。想到这里他兴奋地跳起来,在纸上画出三条线代表墙面与天花板的连接线,然后画了一个点表示苍蝇,分别用 X、Y、Z 表示苍蝇与两面墙和天花板之间的距离。这样就在数与形之间建立了稳定的联系,任何一个点都对应着三个固定的数据。由此,笛卡儿创立了解析几何学。

　　苍蝇在天花板上爬行这个外部事件触发了笛卡儿的灵感，把这个外部事件与他冥思苦想的问题联系起来，最终找到了解决问题的办法。当然，前提是笛卡儿已经对如何解决这个问题有了长时间的研究，当他看到与此相关的外部事件的时候，潜意识自然把二者联系起来，找到了相似之处，进行加工整理之后就得出了解决问题的办法。

　　触发灵感产生的一个特点是带来灵感的外界事物与思考对象之间具有一定的相似之处，把外界事物的原理应用在思考对象上，就得出了解决问题的办法。

　　鲁班有一次负责建造一座华丽的厅堂，在准备盖屋顶的时候，他不小心把用来做柱子的名贵的香樟木锯短了。香樟木很名贵，他赔不起，而且已经接近完工期限了，再去购买香樟木会延误工期。

　　鲁班为此愁眉不展，不知如何是好。这时，鲁班的妻子云氏说："咱们俩谁高？"鲁班说："你比我矮多了。"云氏说："现在比比看。"鲁班发现原来云氏脚下穿了一双厚底的木板拖鞋，头发高高耸起，还戴着一大朵花，和他站在一起，果然云氏更高一些。

　　这件事给鲁班带来了灵感，如果在香樟木下面垫一个雕花的白色石头，在香樟木上面也放一个雕花的柱头，整个房柱不就高了吗？他计算好尺寸就实施起来。结果，这样设计出来的厅堂竟然比原来的设计更加华丽美观。

长期的思考过程是必要的，这可以为灵感的来临做好准备，在适当的外部事件发生的时候灵感就会一触即发。

瑞典化学家诺贝尔年轻的时候致力于研究硝化甘油。他想把它应用在开矿山和隧道施工中，但是硝化甘油的稳定性很差，非常危险。有一次，他的实验工厂发生了爆炸，他的弟弟和另外4个人被炸死。这次事故之后，政府禁止他重建工厂，他只好到一艘船上进行实验。

有一天，他从火车上搬下装有硝化甘油的铁桶时，不小心漏了一些硝化甘油在地上。他发现掉落在沙地上的硝化甘油很快就被沙子吸收了。仔细观察之后，他发现硝化甘油凝固在沙子里了，而且没有发生爆炸。这件事立刻激发了他，他欣喜若狂地喊道："我找到了！"回到实验室之后，他尝试着用硅藻土做吸附剂，使硝化甘油凝结在里面，这样可以保证安全运输。后来，在此基础上他又发明了黄色炸药和雷管。

当你花费很多时间和精力研究某个问题的时候，就会把所有注意力集中在相关方面，一旦出现什么异常现象就会引起你的注意，触发你的灵感。英国科学家弗莱明在1928年发现了青霉素这种疗效非常好的抗菌药，发明过程也体现了触发灵感的规律。

弗莱明小时候家境贫寒，没有钱上学，完全靠自学考取了伦敦圣·玛丽医学院。后来，他在参加战地救护时，亲眼目睹了大批伤员因伤口感染而被截肢，甚至丧失生命。于是，他下定决心寻找抗菌消炎的新药。

有一次,弗莱明外出休假,回到实验室之后发现一个未经刷洗的废弃的培养皿中长出了一种青灰色的霉菌。他没有放过这个异常现象,经过仔细观察,他发现了这种霉菌的抗菌作用——葡萄球菌覆盖了器皿中没有沾染这种霉菌的所有部位。他又做了一系列的实验,证明了这种霉菌液还能够阻碍其他多种病毒性细菌的生长,而且不会损害正常的细胞。弗莱明把它命名为"盘尼西林",也就是后来的青霉素。青霉素得到广泛应用之后,挽救了无数人的生命。

当你对一个问题钻研很长一段时间却找不到解决思路的时候,不妨先把问题放在一边,放松一下,也许其他的信息能够诱发灵感,给你带来启示。

第四节
逼发灵感

你的百米速度是多快?设想一下,现在有一只老虎在后面追着你,你能跑多快?可能你会打破世界纪录吧。当人的生命安全受到威胁的时候,体能会得到极大的激发。同样的道理,人的大脑在危急的情况下也会超常发挥，创造出在一般情况下不可能出现的奇迹，使问题得到圆满的解决。这种能够使我们绝处逢生、化险为夷的灵感就是逼发出来的灵感。

逼发灵感也就是"急中生智"，急切的心情会加剧潜意识的工作，使大脑神经元处于高度活跃的状态，促使灵感的到来。

某位富商的女儿遭到了绑架，绑匪向富商勒索1000万美元的赎金，如果不按时交出赎金，他的女儿就有生命危险了。这位富商虽然有钱，但是也无法一下子筹集1000万美元，而且他明白要想保证女儿的安全最好的办法就是求助于警察。但是那些绑匪处在暗处，一点儿线索都没有，怎么办呢？情急之下他忽然想到了一件事，在妻子最新发行的唱片的封套上印有她的照片，在照片中她那明亮的眼珠里可以看到摄影师的头像。由此他想到，让绑匪给女儿照张相，不就可以得到绑匪的头像了吗？于是他向绑匪提出要一张女儿头部的大幅照片，以证明她还活着。

富商收到照片之后，让警方把眼球放大，真的看到了绑匪的相貌。警方发现原来这个绑匪是多次作案的惯犯，并已经掌握了他的很多线索，很快警方就把他抓获，救出了富商的女儿。

富商的灵感就属于急中生智的逼发灵感。人们常说："眉头一皱，计上心来。"当我们紧皱眉头冥思苦想的时候，就能刺激大脑皮质的细胞加速活动，积极地搜索解决问题的办法，从而产生灵感。

要想获得逼发灵感,首先就要做到临危不乱,保持头脑镇静,这样才能进行冷静的思考。单纯的着急不会给我们带来任何灵感,逼发灵感是潜意识和意识共同思考的结果。

一名单身女子深夜返家的途中,发现后面紧跟着一名男子,怎么也摆脱不了。她感到非常害怕,竭力地思索脱身的办法。突然,她看到前面有一座坟场,顿时便有了主意。她走进坟场,在一座新坟旁坐了下来,幽幽地说道:"终于到家了……"吓得那名男子头也不回地跑了。

人们很容易向权威理论和惯性思维低头,当我们强制自己摆脱权威理论和习惯性认识的时候,就有可能逼发出灵感。

索尼公司最初生产的录音机体积大、价格高,并不受欢迎。公司老总决定开发低成本的、小巧的录音机,他把技术人员集中在一个温泉宾馆,下了死命令:在10天之内拿出有效的解决方案。技术人员马上投入到紧张的工作中,他们废寝忘食、夜以继日地提出设计方案,互相启发,不断改进、提高,在10天之内终于设计出了第一代电子产品——磁带录音机。

大脑在有压力、有危机的情况下会比平时更加敏捷。要想获得灵感,就要不时地"逼"自己进行思考,不要轻易放弃,不要满足于现状,当你尝试进一步思考的时候,也许就能逼发出更加奇妙的主意。

注意事项

1. 在紧急或危险的情况下,要善于运用周围的事物,迅速地想出解决问题的方法。

2. 遇事不要过度惊慌、大喊大叫,这样不利于问题的解决,只会迅速"毁灭"自己或他人。

第八章

类比思考法：
在比较中创新，开拓思路

第一节
类比法的运用

类比思考法是指把两个或两类事物进行比较，并进行逻辑推理，找出两者之间的相似点和不同点，然后运用同中求异或异中求同的思维方法进行发明和创造。

类比思考法的意义就是在比较中进行创新，具体表现在两个方面：

第一，发现未知属性，如果其中的一个对象具有某种属性，那么就可以推测另外一个与之类似的对象也具有这种属性。比如，橘子和橙子在外观上很相似，已知橘子的味道是酸酸甜甜的，由此可以推断橙子的味道也是酸酸甜甜的。

第二，把一个事物的某种属性应用在与之类似的另一事物上，可以带来新的功能。如果其中一个对象的属性能带来某种功能，那么如果我们赋予另一个对象同样的属性，就能得到类似的功能。比如，茅草的锯齿状叶片能够划破手指，把铁片做出锯齿状的边就发明了锯子，可以锯断大树。

类比思考法是创造学领域里的一种重要的思考方法，在日常生活和科学研究中的应用都很广泛。可以说类比思考法把世间万物都囊括在了思考范围之内，因而能大大拓展我们的视野，有利于开拓新的思路。很多重大的发现和发明都是通过类比思考法得到的。

地质学家李四光经过长期考察，发现我国东北松辽平原的地质结构和中东的地质结构很相似。中东地区盛产石油，那么松辽平原是不是也蕴藏着大量石油呢？李四光运用类比思考法推断这是很可能的。经过一番勘探，最终发现了大庆油田。

需要注意的是，进行类比的两个事物之间应该具有较多的共同属性，已知的共同属性与我们推断的属性之间应该有密切的联系。这样才能保证推断的结论具有较高的可靠性。

农民雷安军是栽培大棚蔬菜的能手。有一天他给塑料大棚培土的时候，看到快要拉秧的西红柿冒出了几个小腋芽。由此他联想到青椒老了以后，去掉老枝叶，还能发芽开花结果，这种栽培方法叫作老株再生。西红柿和青椒都属于茄科植物，是不是西红柿也可以老株再生呢？他试着把西红柿的老枝叶剪掉，然后悉心照料，及时浇水施肥。一个星期之后，果然长出了新枝叶，又过了些时候就开花结果了。这种方法使西红柿的生产期延长了两个多月，大大提高了产量。老株再生带来的成果大约占到总产量的1/5。

雷安军运用了类比法，把西红柿和青椒联系起来，发现适用于青椒的原理同样适用于西红柿。类比思考法给他带来了丰厚的回报。如果雷安军把老株再生的原理应用在黄瓜上，可能就不会产生什么效果了。虽然都是蔬菜，但是黄瓜属于葫芦科，青椒属于茄科，不具备太多的可比性。

运用类比法进行思考要求我们从事物的对比中找到相似点和不同点，这就要掌握同中求异和异中求同的思维方法。

1. 同中求异

同中求异就是找到两个类似事物之间的区别，利用不同点进行发明创造。不同点可以给大脑带来新的思考角度，需要我们运用新的知识进行分析和观察，以摆脱传统思维模式的束缚，在思考对象中寻找新的属性和功能。

2. 异中求同

异中求同就是在不同的事物之间找到共同之处，利用相似点进行发明创造。我们把熟悉的某种事物的属性或功能应用在陌生的具有共同之处的事物上，会使陌生的问题变得更容易处理。

虽然太阳每天东升西落是我们再熟悉不过的事实，但是直到20世纪30年代人们才弄明白太阳为什么会持续不断地发光发热。

在大约100年前，科学家们根据能量守恒与转化定律提出，太阳中的分子在引力的作用下向中心坍缩，在坍缩过程中分子的动能转化为光和热。但是经过计算之后，人们发现这种假设并不成立，如果是因为分子运动释放热量，太阳只能发光发热几亿年，事实上太阳已经存在了几十亿年了。

20世纪30年代，随着对原子核认识的加深，人们发现很轻的原子核在极高的温度下互相靠近的时候会发生聚变，形成新的原子核并释放出巨大的能量。美国物理学家贝特把核聚变的现象与太阳发光发热的现象进行类比，找到了太阳能够持久发光发热的原因：在太阳内部高达2000万摄氏度的高温下，氢原子核聚变为氦原子核，在聚变过程中释放出巨大的能量。根据核聚变的原理计算出的太阳能量释放值与观测到的数值一致。

熟练掌握类比思考法之后，你就能完善对事物的认识，从看似不相关的事物中找到各种隐蔽的关系，然后利用这些关系展开设想进行推理，从中找到解决问题的新方法。

第二节
直接类比

直接类比就是在自然界或社会现象中寻找与思考对象类似的事物，在原型和已知成果的激发下产生灵感，找到解决问题的新方法。

这种类比法主要是把事物中显而易见的外在结构作为思考

点,比如,在荷叶结构的启发下发明雨伞。

传说雨伞是木匠的祖师鲁班发明的。鲁班曾在路边建造了很多亭子,方便过路人在亭子里休息,雨天的时候可以避雨,晴天的时候可以遮阳。有一次,他在雨天遇到一个急着赶路的人。那人怕耽误时间,只在亭子里待了一会儿就又冒雨前行了。鲁班心想,如果有一种能够随身携带的亭子就好了。

有一天,鲁班看到一群孩子在水边玩耍,每人头上戴着一片荷叶。他想到荷叶既能遮阳又能挡雨,不就是一个移动的亭子吗?回家之后,他先用竹子做了一个支架,然后在顶上蒙上了一块羊皮,模仿荷叶的结构制作了一把伞。后来,为了方便携带,他又发明了能开能合的伞。

直接类比在科学研究、工程设计等方面的应用很广。运用直接类比,可以尝试把自然界中或社会中的各种现象和原理为我所用,让它们在你的研究领域内发挥作用。

19世纪20年代,英国要在泰晤士河下面修建地下隧道。传统的地下施工方法是"支护施工法",这种方法的施工进度非常慢,而且经常遇到塌方事故。工程师布鲁内尔为解决如何更好地在地下施工的问题大伤脑筋。

有一天,布鲁内尔无意中看到一只蛀木虫在挖橡树,它先用嘴挖出树屑,然后将自身的硬壳挺进去再继续深挖前进。他突然想到,这和挖隧道不是一样的道理吗?如果先将一个空心钢柱体打入松软岩层中,然后在这个盾构的保护下进行施工,不就安全多了吗?他把这个设想付诸实践,于是就有了世界上著名的"盾构施工法"。

此外,医疗器具听诊器也是借助直接类比发明的。

19世纪的某一天,一位贵族小姐来找雷内克医生看病,只见她面容憔悴,手捂胸口,好像病得不轻。听她讲述完症状之后,雷内克认为她可能得了心脏病。但是要想确诊,还得听心肺的声音。那时的做法是隔一条毛巾把耳朵贴在病人的胸廓上进行诊断,但这种方法显然不适合用在贵族小姐身上。

雷内克心想,能不能用别的办法呢?他想到前些天在街上看到的一件事:几个孩子在木料堆上玩,一个孩子用铁片敲打木料的一端,让另一个孩子在另一端听有趣的声音,雷内克一时兴起,也听了听。想到这里他灵机一动,马上找来一张厚纸,将纸紧紧地卷成一个圆筒,一头按在小姐心脏的部位,另一头贴在自己的耳朵上。果然,小姐心脏跳动的声音连其中轻微的杂音都被他听得一清二楚。他高兴极了,告诉小姐,她的病已经确诊,并且一会儿可以开好药方。

随后,他请人制作了一个中空的木管,长30厘米,口径0.5厘米,这就是世界上第一个听诊器。

你能用一只手把鸡蛋捏碎吗?也许你想象不到薄薄的蛋壳能承受很大的力。英国消防队员为了试验鸡蛋能承受多大的力,曾把一辆消防车停在草地上,伸直救火梯子,消防队员从离地21米高的救火梯顶端向草地扔下10个鸡蛋,出乎意料的是只破了3个。有人做试验发现，当鸡蛋均匀受力时，可以承受34.1千克的力。鸡蛋能承受如此大的力，是与它特有的蛋形曲线和科学的结构分不开的。一个鸡蛋长为4厘米，而蛋壳厚度只有0.38毫米，厚度与长度之比为1∶130。

奇妙的蛋壳引起了建筑学家的关注，它以最少的材料营造出最大的空间，而且能承受强大的外界冲击力。建筑学上把这种具有曲线的外形、厚度很小、能承受很大的外界压力的结构叫薄壳结构。直到1924年，德国的半圆球形的蔡斯工厂天文馆才真正采用了薄壳结构。之前，人们并不敢把屋顶建得太薄。1925年德国耶拿斯切夫玻璃厂厂房采用了球形薄壳，直径为40米，壳的厚度只有60毫米，采用钢筋混凝土为建筑材料，厚度与跨度之比为1∶667。建筑师运用直接类比的方法把这种结构应用在建筑上，现在具有鸡蛋壳特点的建筑已经很普遍了。

直接类比需要我们具备很好的观察能力，大自然处处向我们显示了神奇，但是这需要我们去发现。一双善于发现的眼睛可以帮我们找到自然界和生活中对我们有用的属性，然后应用于更广泛的领域中，从而给我们带来更大的价值。

开动你的脑筋

你知道还有什么东西是人们运用直接类比发明的吗？将你所知道的写下来。

1.

2. _____
   _____
3. _____
   _____

第三节
间接类比

　　间接类比是指把不同类的事物放在一起进行比较的创新方法。当我们寻找解决问题的方法时，如果找不到同类事物进行对比，这时就可以运用间接类比。间接类比虽然不像直接类比那样应用广泛，但是它可以扩大类比范围，使更多的事物进入我们的思考领域。这样可以帮助我们开拓思路，产生新的创造活力。

　　空气中的负离子可以消除疲劳，对治疗哮喘、高血压、心血管病也有很好的辅助作用。但是自然界中的负离子只在高山、森林、海滩、湖畔处较多，人们只能在度假的时候才能享受。为了让人们在日常生活中也能享受负离子带来的好处，科研人员运用间接类比的方法研制出用水冲击的方法产生负离子，后来又发明了电子冲击法。市场上销售的负离子发生器就是运用的这个原理。

从这个案例中我们可以看出间接类比的特点，即我们希望得到某种有益的属性，但是又不可能全盘模仿，只能通过另一个途径达到这个目的。

此外，间接类比还表现为同一原理在不同领域的应用。比如，瑞士科学家阿·皮卡尔运用间接类比法发明了世界上第一个能够自由游动的潜水器。

阿·皮卡尔本来是研究大气平流层的专家，他设计的平流层气球曾飞到15 690米的高空。后来，他想到大气和水都是流体，大气的原理应该也能适用于海水。于是他想用平流层气球的原理改进深潜器。那时的深潜器既不能自由行动也不能自行浮出水面，必须依靠钢缆吊入水中，这样就使它的活动范围大大地受到限制，最深只能达到水下2 000米。

平流层气球的原理很简单，在气球中充满比空气轻的气体，利用气球的浮力使吊在下面的载人舱升上高空。皮卡尔想到，如果在深潜器上加一个浮筒，不就可以像气球一样自行上浮了吗？他设计了一个船形的浮筒，里面充满密度比海水轻的汽油，为深潜器提供浮力。同时他还设计了一个钢制潜水球，在里面放入铁砂作为压舱物，使深潜器沉入海底。这样就不需要借助钢缆了，潜水器可以在任何深度的海洋中自由游动。后来，他设计了一艘"的里斯特号"潜水器，能够潜到世界上最深的洋底。

世界上很多道理都是相通的，某一领域的经典原理同样适用于另一个领域。运用间接类比我们可以打开思路，从一个崭新的角度看待我们熟悉的问题，从而获得解决问题的新方法。比如，物理学中的惯性原理运用在乐器演奏中，可以更加自如地运气，使口腔和手指的动作更加轻松流畅，演奏出更加精彩的乐曲。

阿基米德曾说："如果给我一个支点，我就能撬动整个地球。"这是物理学上非常简单的杠杆原理。运用间接类比，我们可以把这个原理应用在企业管理中责任、权限和利益的关系中。企业管理的成败主要取决于责任、权限和利益三者是否平衡。管理的过程就是透过责任人驾驭生产力要素来实现预定的生产目标。当我们准备把一项任务交给某人做的时候，首先要考虑他是否能够承担相应的责任，这个责任类似于杠杆的支点，责任越重大，支点离施力点越远，就越不容易撬起来；其次要考虑利益与权力的匹配关系，假定权力不变，就保证了支点到受力点的距离不变，那么利益越大，撬起来越容易。因此在一般情况下，企业中薪水越高的人承担的责任越大，他们的办事效率也是较高的。

随着时间的推移，人们逐渐发现各个领域中很多经过实践检验的、具有永恒价值的原理并不仅仅在已知的领域内发挥作用。间接类比思考法就是让我们把不同领域内的事物进行比较，从一类事物中抽取出能够对两类事物发挥作用的原理，应用在另一类事物上，给我们带来新的启发和创意。

在进行间接类比训练的时候，你可以随便选取两个不相干的事物，然后把其中一个事物的某个特征应用于另一事物，看看能得到什么结果。当你用间接类比处理问题的时候，应该以思考对象为中心，把自然科学和社会科学中的各种理论与思考对象相匹配，看是不是能从中得到新的解决问题的思路。

运用间接类比的意义在于使某一理论或事物的某一特征在更大的范围内发挥作用。看到事物的某一特征之后，我们要问问自己，这个特征还能在哪些领域应用？还能给我们带来什么好处？

第四节
因果类比

因果类比是指两个事物的各种属性之间可能存在同一种因果关系，我们根据已知的一个事物的因果关系可以推出另一个事物的因果关系。

比如，合成泡沫塑料的质量很轻，而且具有良好的隔热、隔音的性能，使它具有这种特性的原因是在合成树脂中加入了发泡剂。有人运用因果类比，由此想到如果在水泥中加入发泡剂是不是也能具有同样的特性呢？经过反复试验，人们最后终于发明了既质轻又隔热、隔音的气泡混凝土。

在这个案例中，我们可以看出因果类比思考法的思考过程。首先，我们从某一事物中看到了某种有价值的特性或功能，然后我们推导出这种特性是怎样发生的，以及如何才能得到这种特性；接着，我们为了使另一类事物也获得这种特性，将已知的因果关系套用在我们关注的事物上。当然，这种思考法只是提出一种创造性的假设，带有一定的预测性，因此，还需要通过试验来印证因果关系在另一类事物上是否成立。

业余天文学家威廉·赫歇尔 1781 年发现了天王星，但是进一步的观测证实，天王星的实际运行轨道与预测的轨道存在偏差。1846 年天文学家发现了海王星，但是海王星的存在只能部分解释天王星的实际轨道与预测轨道的差异。19 世纪末的天文学家猜测，在海王星的轨道范围之外，还应该有一个比海王星还远的行星，它的引力干扰着天王星的运动。于是人们开始寻找这个行星，到 1930 年，这颗新行星终于被劳威尔天文台的唐包夫（C.Tomaugh）发现了，命名为冥王星。

天文学家之所以预测到还有一颗未知行星在影响天王星的运行轨道，是因为他们掌握了已知的行星运行规律。按理说应该能够准确地预测行星轨道，既然实际轨道出现了偏差，可能的原因就是受到未知天体的影响。他们把这种因果关系套用在天王星身上，推测出它可能受到另外一颗行星的引力的作用，所以运行轨道会出现偏差。

因果对比在科学研究和发明创造中应用很广泛，它可以帮我们找到解决问题的更好的途径。比如，用在河蚌体内养殖珍珠的原理来生产牛黄，大大提高了牛黄的产量。

牛黄是一种昂贵的中药，它是牛的胆结石，只能从屠宰场上偶然得到，但产量很小，所以非常珍贵。后来人们利用产生胆结石的原理，把牛、羊、猪的胆汁提取出来研制人工牛黄，但是这种人工牛黄的医疗功效很差，医学专家不得不继续寻找新的解决办法。某药品公司的科研人员想到，河蚌经过人为的"插片"植入砂粒，河蚌会分泌出黏液将砂粒包住，慢慢形成珍珠，如果把"插片法"应用在牛身上，是不是也能产生牛黄呢？该公司马上进行立项研究，选择失去医用价值的残菜牛做实验，在牛胆囊中置入异物。经过一段时间之后，果然产生了胆结石。这种人工牛黄跟天然牛黄的医疗效果一模一样。

在这个案例中，医疗专家就是运用了因果类比，把胆结石的形成过程与珍珠的形成过程进行了对比，既然用"插片法"可以养殖珍珠，那么也应该能够生产牛黄。

只要你肯用心观察，就能发现事物之间类似的因果关系，然后把已知的积极有效的因果关系应用在你所关心的问题上，从而得到解决问题的新方法。

因果类比思考法在日常生活中、在我们追求成功的道路上也有重要的指导意义。市面上有很多介绍成功人士如何取得成功的书籍。既然别人用这种方法可以成功，那么把别人的成功的方法应用在自己身上是不是也能成功呢？模仿是一条安全而高效的成功捷径。你参照成功者的做法，借鉴他们获得成功的经验，不用花费像他们那样多的时间和精力，就可以获得像他们那样的成就。

演说家安东尼·罗宾曾说："如果你想成功，你只要能找出一种方式去模仿那些成功者，便能如愿。"他曾与美国陆军签订协议，帮助陆军进行射击训练。他找来几名神射手，并找出他们成为神射手的原因所在——建立正确的射击要领。然后用射击高手的经验对新手进行一天半的课程训练。课后进行测试，所有人都及格，而列为优秀等级的人数竟是以往平均达到人数的3倍多。

在训练因果对比的过程中，我们要善于分析一些积极的效果是怎样产生的，这是一个由果溯因的过程，然后思考在哪些事物中也具备类似的因果关系，赋予该事物类似的原因，看看是否能得出积极的、对我们有用的结果。这种方法还可以帮助我们通过简单常见的事物的因果关系来理解复杂事物的因果关系。

比如，在一节物理课上，老师将水流和电流进行对比，很容易地让学生理解了电流产生的条件。水流动的条件，首先要有水,其次要有落差,在地球引力的作用下向下流动。与此类似,要想产生电流,首先要有自由电荷,然后,自由电荷在电场中受电场力的作用才能"流动",电荷之所以会定向流动,跟水流的原因类似,是因为有电势差(电压)。

第五节
仿生类比

我们不再对周围的生命感到惊讶了,觉得一切都那么理所当然。但是,鸽子、猎豹、蜜蜂、苍蝇、毛毛虫……它们真的像我们想象的那么简单吗?为什么鸟儿的身体具有如此完美的曲线?为什么蜘蛛能编织出经纬度恰到好处的网?为什么蝙蝠能在夜间自由飞翔?

这些神奇的生物引起了科学家的兴趣。在20世纪60年代出现了仿生学这门科学,这是专门研究如何在生产、学习和生活领域应用生物功能的学科。仿生类比思考法就是对仿生学的应用,旨在把生物的结构和功能应用在机械设计、工程原理等方面,从而产生新的功能和技术,创造出新的发明。比如,人们以人类的手臂为原型制作了机械手;以蜻蜓的翅膀为原型开发出了一种超轻的高强度材料……

一些我们平日里毫不在意的小生物，也许能给我们带来重大的启发。

苍蝇是细菌的传播者，是人类最深恶痛绝的害虫之一。但是我们应用形象思考之后，可以把苍蝇身体的独特结构和功能应用起来。苍蝇的楫翅是"天然导航仪"，人们模仿它制成了"振动陀螺仪"。这种仪器安装在火箭和高速飞机上，可以实现自动驾驶。苍蝇的眼睛是一种"复眼"，由3 000多只小眼组成，人们模仿复眼制成了由上千块小透镜组成的"蝇眼透镜"。蝇眼透镜作为一种新型的光学元件，在很多领域都有价值。比如，用蝇眼透镜做镜头，可以制成蝇眼照相机，一次就能照出千百张相同的相片。这种照相机已经用于印刷制版和大量复制电子计算机的微小电路等方面，大大提高了工作效率。

其实人类很早就向动物学习了，比如，向鸟学习筑巢，向青蛙学习游泳。但是直到20世纪60年代，人们才开始有意识地研究生物的构造、行为和习性，把其中的原理利用起来。

在进行仿生类比思维训练的时候，我们可以从生物的构造、行为和习性三方面着手来发现生物中对我们有价值的地方。以生物的构造为出发点进行类比思考，人们模仿蜂巢结构建造的墙壁，大大减轻了建筑物的自重；以生物的行为为出发点进行类比思考，医学专家通过研究袋鼠的育儿行为，研制出模仿袋鼠育儿袋的装置,拯救了很多早产的婴儿;以生物的习性为出发点进行类比思考,英国的一位人类学家从猩猩每天要吃的阿斯辟里亚灌木的树叶中提炼出高效杀菌剂。

此外,根据萤火虫发明日光灯也是对仿生类比思考法的一次典型的运用。

在众多的发光动物中,萤火虫发出冷光(发出的光不产生热)不仅具有很高的发光效率,而且发出的冷光一般都很柔和,很适合人类的眼睛,光的强度也比较高。科学家研究发现,萤火虫的发光器位于腹部,由发光层、透明层和反射层3部分组成。发光层拥有几千个发光细胞,细胞中含有荧光素和荧光素酶两种物质。在荧光素酶的作用下,荧光素与氧气发生反应便发出荧光。萤火虫之所以能发光,实质上是它把化学能转变成了光能。随后,人们根据对萤火虫的研究发明了日光灯,其发光原理是通电后灯丝发热,使灯管中的水银蒸发成气体,释放出大量电子,电子的高速撞击产生紫外线,紫外线作用于灯管内壁的荧光粉则会发出自然而柔和的灯光。

尽管人类自称为万物之灵,使自然界发生了翻天覆地的变化,制造了很多巧夺天工的物品,但是在大自然面前我们不得不承认,生物具有的功能比迄今人类制造的任何一种机械都要完美。因此,人们为了提高各种仪器、装置和机械的性能不得不向生物学习。

仿生学也是与控制论有密切关系的一门学科,生物体的结构与功能在机械设计方面给了人类很大启发,把两者进行类比,我们可以得到改进机械设计的新思路。我们可以把生物的感觉功能与信息接收系统进行类比,把生物的神经功能与信息传递系统进行类比,把生物的造型与机械的结构进行类比,等等。比如,将海豚的体形或皮肤结构应用到潜水艇的设计上,可以使潜水艇在水底行驶的时候避免产生紊流。

仿生学出现的时间虽然不长,但是已经带给人类客观的研究成果,大大开阔了人类的思维广度。把生物的功能与机械设计和工程原理进行类比,为我们开辟了独特的技术发展道路。

开动你的脑筋

除了本书所介绍的人们运用仿生类比的发明创造外,你还知道什么物品是对仿生类比的运用吗?请写下来。

1._____

2._____

3._____

第六节
幻想类比

幻想类比是指把思考对象与超现实的理想、梦幻和完美的事物进行类比，从而得到新颖创意的思考方法。

这种思考法有两条思考路径，一条是用神话故事或科幻小说中的事物与现实中的事物进行类比，对现实中的事物进行改进，赋予它前所未有的特性和功能。

古代的神话故事是当时人们与大自然作斗争不能解决问题时产生的幻想，如今在科学技术日益发达的今天，幻想反而带给人们很多启发意义。

有一个物理学家正在研究如何发明变压器。

一次偶然的机会，他看到了传说中雷公的画像，画像中的雷公身穿虎皮、背负大鼓、手持铁锤，形象非常威武庄严。

他看到虎皮的花纹是黄黑相间的，忽然头脑中有了主意："把电线按照虎皮花纹那样排列成一个线圈，而电流通过线圈要产生磁场，磁场又能转化成电能，那么强如闪电般的瞬间电流，岂不会产生强大的电阻吗？"

在这个想法的引导下，经过不断研究，他终于发明了变压器。

这位物理学家正是运用了幻想类比找到了解决问题的突破口。

幻想类比思考法的另一条思考路径是从眼前的事物着手进行幻想，创造出新的事物。威廉·戈登就曾经指出："当问题在头脑中出现时，有效的做法是，想象最好的可能的事物，即一个有帮助的世界，让最能满意的可能的见解来引导最漂亮的可能的解法。"

人们想当然地认为文学家、艺术家利用幻想类比是理所当然的，而科学家或工程师则不应让白日梦占据自己的头脑。

相对来说，科学家和工程师确实需要具有更好的逻辑思维能力，但是这并不意味着幻想对他们没有作用。

事实上，科技工作者应当而且必须给予自己幻想的空间和自由才能有突破性的发明和发现。

威廉·戈登说："他必须恰当地想象关于问题的最好（幻想）解法，而暂时忽视由常规解法的结论所确定的定律。只有以这种方式他才能构造出理想的图像。"

比如，伽利略看到一个孩子在玩放大镜，运用幻想类比，他想到是不是可以制作一种可以看到遥远的太空的镜子。1609年10月，他制作了能放大30倍的望远镜。伽利略用自制的望远镜观察夜空，第一次发现了月球表面高低不平，覆盖着山脉并有火山口的裂痕。此后又发现了木星的4个卫星、太阳黑子，并得出了太阳在转动的结论。

在进行幻想类比思考训练的时候，我们要让大脑尽可能地打开思路发挥想象，不受任何逻辑和常规思路的限制。这对寻找解决问题的方法是非常有益的。

比如，大家知道由于上游和下游的水位落差很大，船在从上游驶到下游，或从下游驶到上游的时候都很困难。那么，请思考如何使船从上游平稳地行驶到下游。

运用幻想类比思考法，首先你要把自己当作无所不能的超人，你具有改造自然的能力，至少你可以用想象力解决问题。然后，请你运用神奇的幻想寻找可能的解决问题的办法。于是，你发挥自己的能力，让船从空中飘向下游，或者潜入水底避过激流。显然，这些办法在现实中的可操作性很差，但是我们可以从中抽取一个有价值的原理——避开激流，使船只平稳过渡。

现在我们可以针对这个原理继续发挥想象，怎样使船平稳过渡呢？使上游水位与下游水位持平就可以了，这时我们得到一个主意——让船驶进一个像连通器一样的闸室，两侧用墙将水挡住，底部设有阀门。从上游到下游的船驶入闸室之后，打开下游方向的阀门，水位就会缓缓降低，直到与下游的水位持平。同理，从下游到上游的船进入闸室之后，将上游方向的阀门打开，水位就会上升，直到与上游的水位持平。你会发现运用幻想类比法，很轻松地就把这个问题解决了。

第九章

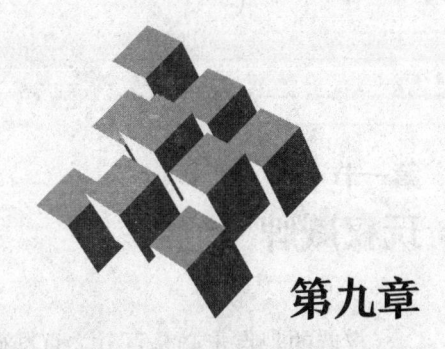

控制反控制思考法：
保持清醒头脑，摆脱他人控制

第一节
玩权威牌

权威的观点未必是百分之百准确的，权威专家也是受时空和条件限制的，他们提出的观点和理论只是在一定时期和一定范围内代表最高水平。世上没有绝对正确、永恒不变的真理。人们对问题的认识是随着时间的推移不断完善和发展的，如果大家都向权威妥协，那么人类社会将停滞不前。

20世纪70年代，物理界的学者已经知道所有的基本粒子是由3种夸克组成的。3种夸克能够解释所有的现象，因此当时物理学界的权威人物都认为只有3种夸克。但是，有人提出了疑问："为什么只有3种夸克？有没有可能存在第4种夸克？"当他向费米国家实验室和西欧核子中心申请建造高灵敏度探测器的时候被拒绝了，因为这种设想是对权威的挑战。然而，这位科学家并没有向权威低头，用一个比较低能的加速器来做这个实验，花费两年的时间终于发现了一种新的夸克，推翻了只有3种夸克论断。他就是1976年诺贝尔物理学奖获得者丁肇中。在谈到他的科学研究体会时，丁肇中说："有了第4

种，就有可能有第5种、第6种，把以往的观念改变了。"

在这个案例中，费米国家实验室和西欧核子中心在玩权威牌，但是丁肇中并没有向权威妥协，而是坚持自己的观点，寻找解决方案，终于推翻了权威的说法，并指出没有什么权威，一切都是在发展中的。

的确，不可否认权威是强大的，而且在多数情况下是正确的，在权威面前个人显得软弱无力。挑战权威的人无异于以卵击石，因此很少有人敢"冒天下之大不韪"对权威提出挑战。

权威专家是指有深厚的专业知识和技能的人，他们的观点一般都经得起推敲。另外有两种误导我们思维的权威是传统和群众的观点，这些观点没有依据，只是人们信以为真而已。下面我们分别分析如何应对这两种错误的权威。

传统的错误权威的逻辑是"因为我们一直这样做，所以这样做是正确的"。这听起来似乎有一些道理，如果不正确的话，为什么会一直这样做？在水平思考法那一节里我们提到过，一些传统习惯的形成是由于偶然的原因，那些原因已经不存在了，我们就没有必要再遵守传统了。比如，盘子是圆的，那是因为最初陶瓷工人需要在转轮上制作盘子。现在制作盘子已经不需要转轮了，对模子里的陶土进行压缩可以制作出各种形状的盘子。

"我们一直这样做"只是一个事实，而不是这样做的理由。就好像"我家门前一直有个水坑"，不等于"我家门前应该有个水坑"。尽管如此，人们还是常常被传统打倒。一方面，这句话确实能唬住人，因为大多数人都是害怕改变的，改变代表不稳定。另一方面，这句话的潜台词是"你竟敢跟传统对着干"，这会让你变得情绪化，忘掉自己原来想要表达的内容。可能你会走向两个极端，或者感到心虚而放弃，或者想证明自己的实力。这时你已经远离了自己的观点，把精力集中在了如何保护自我上面。

当对方以"我们一直这样做"为理由拒绝你的建议时，千万不要为自己辩护。一旦你强调自己建议的好处，就会引起对方无休止的反驳，要想说服他们很困难。聪明的做法是变被动为主动，让对方陷入自我辩护的境地，让他们解释为什么应该"这样做"，而没有必要寻求更好的方法。

要想获得有价值的信息，在提问时要讲究技巧，不要问"为什么"，那样他们会感到不安，变得情绪化，要问"是什么"，这种问法方便他们给你一个确定的答案。比如，"这样做能给我们带来什么好处"，或者"这样做有什么缺点和不足之处吗？你希望有哪些改进"，等等。通过这些问题你可以获得对解决问题有价值的信息，而且可以避免陷入情绪化的争执，甚至还可以取悦对方。

当你想表达自己的见解的时候，也要注意用词，把人们习惯说的"是的，但是……"改为"是的，而且……"。"但是"这个词是对前面说法的否定，会引起对方的反感；"而且"则是对前面内容的发展,可以拉拢对方。比如,对方说:"这样做可以节省时间。"你应该说:"是啊,时间就是金钱,我知道你的时间观念很强,而且我知道一种花费时间更少的方法,你愿不愿意听听?"你只是在满足对方的需要,完善对方的思路,对方当然没有理由拒绝你了。

以贤孝闻名的曾子告别母亲到齐国去办事了。齐国有一个与曾子同名的人因为杀人被官府抓起来了。曾子的同乡听说后也不问清楚,就跑去告诉曾子的母亲:"出大事了,曾子在齐国杀人了!"曾子的母亲听说后,不慌不忙地说:"不可能,我儿子怎么会杀人?"不一会儿,又有一个邻居跑来报信:"曾子闯祸了,在齐国杀人了!"曾子的母亲仍旧镇定自若:"我的儿子我还不了解吗?他不可能杀人的。"话音未落,就听到外面人声嘈杂,一个人还没进门就嚷起来:"曾子杀人了,您老人家快躲起来吧!"曾子的母亲有点慌了,3个人都这么说了,难道曾子真的杀人了?外面乱哄哄的,是不是仇家找来了?在邻居的帮助下,她从后院逃跑了。

俗话说"人言可畏""众口铄金,积毁销骨",随声附和的人多了,白的也可以被说成黑的,这就是群众的观点的威力。这种逻辑是"除了你以外别人都这么想,所以你肯定错了"。尽管群众的观点没有确凿的证据,却能给你造成强大的心理压力,如果你和大多数人对着干,你就会显得愚蠢,成为众矢之的。

面对强大的群众舆论，人们常常感到不知所措，选择随波逐流。事实上，群众的观点的威力并不那么可怕，因为大多数人只是在随波逐流而已，起作用的只是少数的"意见领袖"。意见领袖盗用了群众的名义，代表群众发出声音——并非所有人都认同那种看法。

对于此类情形，首先，你可以用"擒贼先擒王"的策略，单独找意见领袖谈话，说服他之后，其他问题就会烟消云散；其次，找到群众中有主见的人，分析利弊，说服他放弃原来的观点，既给自己找了个帮手，又削弱了群体的凝聚力；最后，要相信自己的判断，不要盲目相信群众的意见。像对付传统权威一样，让他们提供有力的证据证明自己的观点，但不要在对方面前为自己的观点辩护。

开动你的脑筋

你有过战胜"权威"的经历吗？如果有，请写下来，并详细阐述你是如何取胜的。

_____

_____

_____

第二节
制造恐惧、疑惑、不确定

为了你和家人的幸福，记得给自己买份保险！

潜台词是如果不买保险，你的幸福生活就没有保障。你是不是已经开始担心了？事实上，你出意外事故或生病住院的概率微乎其微，但是你也不敢保证自己绝对不出事。没有人愿意等到出事之后再后悔，所以大家的保险意识越来越强。

如果你不这样做，后果自负！

这句话是不是挺吓人的？既然有你负担不起的后果在等着你，你还敢不照办吗？事实上，不那样做会有什么后果是不确定的，也许没什么事，也许会捅大娄子。考虑到可能的不良后果，你只好妥协了。

千万不要错过抽奖，下一个大奖很可能是你的！

这样的宣传是不是很有诱惑力？既然有可能中奖，你难道不想试一试吗？事实上，中奖的可能性很小，千万人买彩票只有一个人中奖，凭什么那个人是你呢？但是在巨额奖金的诱惑下，人们相信下一个大奖可能是自己的。

这种控制手段叫作FUD（恐惧、疑惑、不确定的英文单词的第一个字母），即通过无法确定的信息制造恐惧和疑惑，扰乱你的情绪，影响你的判断。他们提供的信息根本无法证明或者根本不需要证明，似乎是不证自明的事实。既然这样，大家只好相信了，没有人愿意冒风险去反驳他们。

IBM 的一句广告语巧妙地运用了这种控制手段："从来没有人因为购买 IBM 的产品而被解雇。"这句广告语没有介绍产品性能的优越性，也没有和其他产品进行比较，而是以一种模糊的判断暗示 IBM 产品可以给消费者事业上的保障。它可能会引起这样一些联想：IBM 产品与是否被解雇之间有必然的联系吗？如果买其他产品我会失业吗？为安全起见，我还是买 IBM 吧。尽管没有任何证据证明 IBM 产品与失业的关系，但是也没有人愿意用实践去推翻它。这就是这种控制手段的高明之处。

FUD 的道理很简单：虽然我不能使你完全相信我所说的，但是你也不敢冒险反驳我。

在日常生活中，有些人擅长用 FUD 控制别人，明白其中的道理之后，你就能冷静对待，不会被毫无根据的观点左右了。

我提这个建议是为你好，如果你不接受，后果自负。

显然这个人是在用不确定的后果威胁你，如果那莫须有的后果让你感到恐惧和焦虑，那么你就落入他的圈套中了。你应该追问他这个建议对你有哪些好处，并让对方提供相关的证据。

放弃这个项目吧，否则你的损失会更大。

损失会更大吗？这确实是你所担心的，但是如果你把注意力集中在对将来可能的推测上，并相信对方所说的悲观、消极的预测，那么你就对前途丧失了信心，恐惧、疑惑、不确定占据了你的大脑，你忘记了自己的目标，失去了思考和行动的能力。你应该追问对方，为什么你的损失会更大？让他给你提供相关的证据。

对付FUD的方法很简单，就是向对方索要证据。说别的都没有用，因为那样只会让事情更糟糕。如果在没有证据的情况下盲目相信别人的建议，那你会承担更大的风险。你应该让对方尽可能多地提供证据和理由来证明他的建议是正确的。证据的多少与决策风险成反比，证据越多，决策风险越小。

放弃这个项目吧，否则你的损失会更大。

听到这个建议后，你不要陷入对"损失会更大"的恐惧中，你应该这样回答：

我确实在担心这个项目的前景，请你说说为什么损失会更大呢？有哪些理由呢？在经营管理方面哪里出现了漏洞呢？

这样一来你就能找到问题的症结所在，也许你能把问题解决掉。

有时候恐惧、疑惑、不确定的声音不是来自别人，而是来自你的内心深处。遇到挫折和困难之后，你对自己失去信心，产生出消极、否定的不良心态。你可能会对自己说：

这个项目太难了，恐怕我不能按期完成任务；

还是不要向心爱的女孩表白了，免得遭到拒绝；

我从来没有做过演讲，恐怕我会紧张得说不出话来；

竞争对手太多了，我还是退出这场比赛吧。

这些悲观、消极的想法似乎有一定的根据，但是很大程度上是心理作用，不相信自己能胜任某件事，于是做出悲观的预测。实际上，这是自己给自己设的圈套，你并没有足够的证据来证明那些不好的结果。

同样，摆脱这种 FUD 控制的办法就是给自己提供证据，然后克服困难解决问题。

每天加班工作，是不是可以按期完成呢？

提升自己的魅力和形象，是不是就不会遭拒绝了？

多做一些准备，是不是就不会紧张了？

也许竞争对手也准备退出比赛呢，真正比赛的时候也许人就少了，而且别人的实力如何大家都不清楚。

此外，你还可以通过给自己确定更高的目标来克服恐惧心理，把自己逼上绝路，也许你就能置之死地而后生了。

第三节
对人不对事

对人不对事和人身攻击有类似之处，即通过让你维护自己的尊严分散你的注意力。但是，它与人身攻击也有明显的不同，它并不专门以侮辱别人的人格为手段，而是针对别人的身份指责别人的行为和言论。

从前，父子俩用驴驮着货物进城去卖，傍晚货物卖完了，两人牵着驴回家。半路上，有人笑他们："真笨，有驴不骑！"

于是，父亲让儿子骑上驴，继续走。没多久，有路人说："真是不孝顺的儿子，竟然让自己的父亲走路。"

儿子听后，赶紧下来，让父亲骑到驴背上。谁知没走几步，有人说："真是狠心的父亲，竟然让儿子走路。"

父亲赶紧让儿子也骑上驴背。马上又有人说："两个人骑在驴背上，不怕把驴累死，这驴一定是借来的。"

父子俩听后赶快溜下来，把驴的四条腿绑起来，用棍子扛着走。

在这个故事中，主人公受到了别人言论的控制。比如，身为儿子怎么可以自己骑驴让父亲走路呢？太不孝了；身为父亲怎么可以自己骑驴让儿子走路呢？太狠心了。

人们对各种社会角色的行为规范有不成文的规定，大多数人都习惯于把各种角色的行为模式套用在自己和别人身上。既然你是家长、子女、老师、经理、职员、服务员、男人、女人或者其他的角色，那么你就应该这样做或那样做。一旦有人指责你做得不对，你就会为作为那些角色的自己而辩护，偏离了讨论的主题。

每种社会角色都有自己的利益，当别人对你缺乏信任或对你有成见的时候，就会指责你所有的行为都是为了自己的利益。尤其是在利益冲突的两个角色之间，常常因为缺乏信任而互相指责。父母希望孩子留在身边，不让孩子去远方谋职。孩子可能会指责父母："你们为了自己的利益妨碍了我的发展。"这时，父母也可以反过来指责孩子："辛辛苦苦把你养大，现在翅膀硬了，就想远走高飞了。"在企业内部，领导与员工之间也有这样的问题，领导下达一个命令或政策之后，可能被员工指责为剥削。员工提出一些建议的时候，可能被领导指责为偷懒。当大家互相指责时，每个人都会变得情绪化进而为自己辩护，不能再进行快速清晰的思考。

对付这种控制手段的最佳方法是相互沟通，尽量理解对方的观点，以求达成共识。不要为了人格尊严而辩解，而应该把关注点放在讨论的主题上，寻找双方的共同利益，提出对双方都有利的建议。如果这样还不能解决问题，那么，最好找一个和你们没有利益之争的第三者做调解人。

所有的角色在工作和生活中都有不利的一面，比如，公司的元老可能跟不上时代的发展，公司的新人又太缺乏经验了。年轻的员工如果用"对人不对事"的控制手段，会对元老说："你的思想已经过时了，那套办法太陈旧了。"这很可能会把老员工激怒，一方面他会为自己辩解，另一方面，他还会指出新员工的缺陷："我走过的路比你走过的桥还多，什么时候轮到你在我面前指手画脚了？"

这是人们对一些角色根深蒂固的成见，年纪太大的人一般都比较落伍，太年轻的人一般都没有经验。让他们发生矛盾的根源在于彼此不信任，他们热衷于寻找各种理由来证明自己的成见。如果一个人不信任你，你就算费尽口舌也不能把他说服。他并不关注讨论的内容，而是把你所说的一切与对你的成见联系起来，然后，针对你而不是针对你们讨论的问题进行反驳。

在对方不信任你的情况下提出你的观点、展示你的才智是很不明智的，无论你的建议多么高明，对方都会以一种否定和怀疑的态度来对待。即使你是一片好意，他也有可能怀疑你在好意背后包藏祸心，进而曲解你的话。因此，聪明的做法是建立信任关系之后再发表你的观点。如果对方已经表现出对你的不信任了，那就暂停讨论，先修复你们之间的关系。

当进行改革或出现某种变动的时候，一些角色就会受到"对人不对事"的控制。一个教师试图放弃自己的职业去经商，他周围的人就会纷纷出来劝阻:"你不是经商的料,还是本本分分当老师吧!"当一个女孩想当警察的时候,她的父母就会给她做思想工作:"哪有女孩当警察的?这哪还有女孩的样?"

教师周围的人和女孩的父母在用一种角色模式把他们套住,他们把注意力集中在了角色上,而没有关注问题本身。如果你遇到这种情况,要清楚自己想要的是什么,而不要被自己现在是什么束缚住。对那些想阻止你的人,没有必要跟他们辩解,只要用行动证明给他们看就行了。

这种"对人不对事"的控制手段许多时候都是来自自己的内心。大多数人都有自卑心理,常常对自己做出否定的判断——"我老了,跟不上时代了""我长得很丑""我不善言辞"……这样的自我贬低无异于画地为牢把自己圈起来。你会陷入自卑的情绪中,忘记自己的目标。

摆脱这种自我控制的途径有两条:第一,认识到这些消极判断都是相对的,你只是跟某些人比显得比较老、丑或者不善言辞,跟另一些人比其实是另一番情景;第二,改变消极的心态,挑战自己的能力。比如,把"我老了"变为"我有丰富的经验";把"我太丑了"变为"我有灿烂的笑容";把"我不善言辞"变为"我很踏实稳重"。这样以后,你有自信了吗?

第四节
因为你错,所以我对

看到这句话,也许你会说:"这是什么逻辑?即使我错,也不能证明你对呀!"但是在实际的辩论中,我们很容易陷入这样的圈套。

这种控制手段的本质在于混淆分析和总结这两种思维方法。通过分析你的观点中的一些小错误,并加以强调来分散你的注意力,进而得出结论——你的整个观点都是错的。这种控制手段很难识别,一旦落入圈套就会受到致命的打击。

在前面的章节我们提到过,人们善于运用黑色思考帽进行批判性思考,即使是从鸡蛋里挑骨头也并非什么难事。如果有人想跟你作对,他很容易就能从你的话中找到瑕疵,他只需要仔细聆听你的观点并进行分析就可以了。只要他们指出你的观点中的不足之处,就足以让你慌了手脚。尤其是当你面对公众发表你的观点的时候,被别人指出言论中的个别错误,会大大地打击你的自信,毁坏你在公众中的形象。

但是,分析并不等于结论,善于分析的人并不一定能创造出成果,能指出你的不足并不代表他们有更加高明的见解。做结论需要创造性的思维,不是对现有的事物做判断,而是创造出新的事物代替旧的事物。

比如,你正在会议上阐述你的一个方案,听众中有一个人对你这个人有意见,或者不赞同你的这个方案,但是又找不到更好的方案来推翻它。于是,当你聚精会神地阐述你的理由时,他仔细聆听,专门寻找你的漏洞,突然他打断你说:"刚刚你举的那个例子有错误,事实并不是那样的。"

事实上,那个例子跟你的主要观点并没有太大的关系,但是他就抓住这个漏洞不放。他打击了你的信心,而且让你在团队中失去了信任。所有人的注意力都集中在了这个小小的错误上,并把它的意义扩大化——既然你用一个错误的、没有说服力的例子来证明自己的观点,很可能还有其他的错误吧。也许你的观点是正确的,也许你后面还有精彩的内容没有讲完,但是因为这个小小的错误让大家产生了疑虑,不想再听你讲下去了。

反对你的人看到局势对自己有利,就会抓住时机把分析和总结混淆起来:"你举的这个例子与事实不符,显然不能证明你的方案是切实可行的。你的方案存在漏洞,所以我认为不应该实行这套方案。"如果他用铿锵有力的声调说出这番话,你肯定会感到心虚,是不是真的不可行呢?事实上,他根本没有拿出证据证明你的方案不可行,只是指出你自己的一个理由是错误的。

但是,请注意,一个论据有错误,并不能代表你的结论都是错的。你的结论可能是正确的，只是在论述过程中选用了错误的论据，即使不用那个论据，你的结论可能依然成立。

应对这种控制手段，首先要在事前做好充分的准备，检查自己在方案或报告中所引用的资料数据，以及其他证明自己观点的论据的正确性，以免出现漏洞，被别人抓住小辫子。同时，这也体现了你做事认真负责的态度，把每个细节都充分考虑到，这会更容易得到别人的信任。相反，如果你粗枝大叶，在细节上出了问题，就会引起别人的疑虑。即使其他的内容非常精彩，也无法取得人们的信任了。

但是，俗话说"智者千虑，必有一失"，就算你很小心地做准备，也有可能出现"错误"。

一旦被听众发现了错误，首先你要保持冷静，告诉自己这没什么大不了的。有人给你指出错误，至少说明你的讲解引起了重视，人们在认真听你的阐述，这对你来说是有利的局势。

其次，审查一下是不是真的出错了，需要注意的是，如果确实出错了，不要为自己辩解。当人们遭到否定的时候常常会出于本能地为自己辩解，这不但不能解决问题，还会丧失别人对你的信任。最有效的办法是改正错误，恭维对方："你真是好眼力啊，这里确实错了。谢谢你帮我指出来，我会改掉这个错误，把整个方案完善起来。现在我想请您帮我看看后面的内容有没有问题。"任何人都喜欢听恭维话，真诚的称赞和感谢更能化解对方的敌意。

当然了，如果你证明自己观点的论据大部分是错误的，那么给你指出问题的人就不是在使用控制手段，而是善意地提醒你，你的结论是不可靠的。

如果反对你的人只是抓住一个小错误不放，你可以用这种方法化解他的纠缠："既然你对我刚刚提到的其他内容没有意见，那么我把这个小问题改正之后，就能够得到更完善的结论了。"只要你时刻保持冷静，从容应对，就能避免掉进陷阱。

第五节
玩文字游戏

很多汉字都是一词多解，很容易产生歧义。商家常常玩一些文字游戏，设置陷阱。如果你贪图便宜，就很容易掉进去。这种控制手段不容易被识别。

一家房产商打出广告："买房子送家具。"有人觉得很划算，欢天喜地买了他的房子，然后向房产商索要家具。没想到对方反问他："你的家具在哪里？我们帮你送。"

原来"送"不是"赠送"，而是"运送"，房产商抓住了人们贪便宜的心理，跟消费者玩了一个文字游戏。

对付这种控制手段，首先要提高警惕，尤其是当你感到有意外的惊喜的时候，一定要跟对方确认一下你理解得是否正确。商家搞活动的时候，常常在活动说明的最下面注明"本活动解释权归本公司所有"，既然解释权归对方所有，你最好不要妄加猜测，把你理解的意思跟对方确定以后再做决定。

有些词语表达的意思很模糊，比如，美好、幸福、进步、发展，等等。公司领导人在鼓舞员工士气的时候，常常用到这些词，允诺员工未来会向好的方向发展。这些词语表达的是抽象的概念，没有统一的标准，它们可以给你带来良好的情绪和希望，但是每个人的理解会有所不同。如果你沉浸在对美好未来的想象中，就陷入圈套了，对方并没有给你任何实际的承诺。当你听到这些含义模糊的词，应该要求做出具体的描述，比如，从哪些方面可以看出未来是美好的？在多大程度上会有进步？

有些词语本身就带有控制色彩，比如，商家常用的"优惠"，管理者常用的"授权"。每个人都想得到好处，一旦商家打出"优惠价"的牌子，消费者就上钩了。事实上，并不见得真有优惠。授权的意思是授权者以一种高高在上的姿态赋予你某种权力，你接受权力之后会在心理上有优越感。事实上，被授权的人常常承担了更多的工作，却没有得到更多的报酬。所以，一定要警惕那些位高权重的人，以及在经济上占有优势的人说的话，不要被名利冲昏了头。

有些人为了显示自己是"专业人士",常常说一些别人听不懂的行话。行话也是文字游戏的一种,很容易给别人造成压力。当一位企业顾问说出"信息关键标准""测验多样化系统"等行话的时候,不懂行的人就会对他肃然起敬。行话只适合在同行之间使用,如果你是外行,那就坦然承认自己不懂,让他换一种说法,把他的行话解释清楚。因为对方有责任把问题解释清楚,而不应该歧视你不懂专业术语。

玩文字游戏还体现在混淆概念上,比如,推销员常常把"消费"和"投资"混淆起来,扰乱消费者的注意力。一位推销高级化妆品的营业员可以对他的顾客说:"小姐,你应该意识到,现在你并不是在购买产品,而是在给自己的青春和美丽进行投资。回报你的是靓丽的容颜,这对你的事业发展和爱情婚姻来说都是一个重重的筹码。"一番花言巧语让消费者忘掉了花钱的事实,可能要等到回家之后才会后悔不该买这么贵的东西。

另一类玩文字游戏的控制手段是利用形式逻辑来欺骗受害者,进行一番看似合情合理的推理,得出的结论似乎不容置疑,事实上,论据和结论之间并没有必然的联系。比如:

不珍惜子孙后代生活环境的人会赞成建核电站;

你赞成建核电站;

因此,你是不珍惜子孙后代生活环境的人。

前面两个条件都是不容置疑的事实,但是怎么就突然得到了那样一个结论呢?如果这时你对结论表示怀疑,他会说:"你不同意我的结论,却同意前面的事实,这不是自相矛盾吗?"问题在于他的推理过程本身就是错的,如果你的大脑不能保持清晰的思路,可能会感到心虚,进而落入圈套,同意他的结论。

利用形式逻辑来控制对方的另一个手段是用错误的前提引出错误的结论。比如下面的这个三段论:

已知,只有男人才能在金融界取得成功;

并且,小芳不是男人;

所以,小芳不可能在金融界取得成功。

推理过程是正确的,但是大前提值得怀疑,为什么"只有男人才能在金融界取得成功"呢?有证据吗?如果你感觉到对方所说的话有些地方有问题,就要尽快找出问题出在哪里,不要被他那看似正确的推理唬住。

第六节
制造两难境地

鱼和熊掌不可兼得,你到底要鱼,还是要熊掌?

在这样的追问下,你的第一反应是不是权衡一下鱼和熊掌哪个对你更有利?如果是这样,那么你就陷入了"制造两难境地"的圈套中了。为什么不问一问：还有没有第三种选择？

耶稣曾被圣灵引到旷野接受魔鬼的3次试探。

第一次试探，魔鬼对耶稣说："你若是神的儿子，可以吩咐这些石头变成食物。"

耶稣回答说："人活着，不是单靠食物的。"

第二次试探，魔鬼把他领到殿顶，对他说："你若是神的儿子，可以跳下去，因为经上记着，主要为你吩咐他的使者，用手托住你，免得你的脚碰在石头上。"

耶稣回答说："不可试探主——你的神。"

第三次试探，魔鬼把他带到最高的山上，把世界万国的荣华都指给他看，并对他说："你若俯伏拜我，我就把这一切都赐给你。"

耶稣回答说："撒旦，退去吧！因为经上记着，当拜主——你的神，单要侍奉他。"

在这个故事中，魔鬼就玩了制造两难境地的把戏：如果你是神的儿子，你就应该能够把石头变成食物，你从房顶上跳下去就应该有天使托住你，否则你就不是神的儿子。耶稣并没有掉进陷阱里，而是转移了话题。

"制造两难境地"的控制手段就是给你设置一个非此即彼的陷阱。它有两种表现形式，一种是问题强加，一种是选择想象。

问题强加是指控制方只给你两种选择，但是其中一个选择是你不愿意接受的，其实是强迫你选择符合他的意愿的另一个答案。比如，现在你只能从 A 和 B 中做出选择，如果选择 A，那么你是好人，如果选择 B，你就是坏人。没有人愿意当坏人，所以只好选 A 了。

在会议上，人们常常为了一个决议而发生争论。大多数人同意了，但是你还想多了解一些相关信息，试图做出更全面的分析。这时，有人可能对你说："你到底是赞同还是反对，赶紧做决定吧！"如果你犹豫不决，别人会认为你反对这个决议，事实上这并不是你的本意。于是，你想为自己辩解："我并不是要反对。"对方就等你这句话了，他会不失时机地说："很好，既然你赞同了，我们就不要在这个问题上浪费时间了。"

如果企图控制你的人不想让你围绕问题发表意见，可能还会指责你故意制造麻烦，阻碍会议的进程。他给你设定了两个极端的选择：要么赞同他的观点，要么你就是在制造麻烦。如果你对此做出情绪化的反应就落入他的圈套中了，出于自卫你可能会说："你认为我在制造麻烦吗？我怎么会阻碍会议的进程？"当你把注意力集中在是否制造麻烦上的时候，已经偏离了你的初衷——更清楚地了解情况，以便做出更明智的决定。

对付这种控制手段的方法是跳出给定的选择范围并重新定义。对方给出的备选项是完全站在自己的角度进行设定的，在对与错之间划了一道鸿沟，他设定自己站在对的这边，而你肯定不愿意站在错的那边，那么只好选择跟他站在同一边。事实上，问题并不是非此即彼那么简单。你应该清晰地看出他设定的选项有问题。如果对方说:"你要么赞同我的观点,要么你就是在制造麻烦。"你可以回答:"问题并不像你说的那么简单,这不是赞同或反对的问题,我只是想对问题进行深入的了解,使决策更加完善。"

如果说问题强加是一种强迫的手段,那么选择想象就是一种诱导的方法。控制者给你提供两种选择,让你权衡利弊,选择其中的一种。这种手段可以让你忽略掉其他的可能性,但是又给你选择的权利,给你心理上的安慰。

《庄子·齐物论》中有这样一个故事。养猴子的人对猴子说:"早上给你们吃3颗橡子,晚上给你们吃4颗,怎么样?"猴子很不高兴:"怎么早上还不如晚上吃得多?"养猴子的人说:"那么,早上给你们吃4颗,晚上给你们吃3颗怎么样?"猴子们高兴地同意了。

事实上,这是一种欺骗手段,无论是"朝三暮四",还是"朝四暮三",对养猴子的人来说实质是一样的。他给猴子这两种选择,猴子们只好选择了一个看似对自己有利的一种。

当别人让你做出选择时,你应该清楚地意识到,这两种选择都是对方想要的,从而推测出对方的真正意图是什么。比如,你的朋友对你说:"假期咱们要么去海边,要么去西藏,你想去哪里?"显然,你的朋友在用制造两难境地控制你,你已经看透了他的把戏——他想让你陪他去旅游,或者去海边,或者去西藏,都能让他如愿以偿。如果你想满足他的愿望,你可以从中选一个自己喜欢的，但是如果你觉得为难，就可以要求更多的选择："只有这两个地方可以去吗？别的地方怎么样？"你甚至可以打消他最本质的愿望："假期为什么一定要去旅游呢？还有很多别的事要做。"对付这种控制手段最简单的方法就是质问对方：为什么没有更多的选择呢？

第七节
错误类比

错误类比控制手段是指通过形象的比喻、生动的故事、鲜明的事例与面临的问题进行对比，来阐明自己的观点。比喻、故事和事例并不是证明观点的证据，只是对控制者要表达的意思起修饰作用。它们很吸引人，诱使人们相信它们所要阐明的观点。在这些比喻和故事的迷惑之下，人们很容易丧失清晰的思考能力，盲目地相信控制者所要表达的观点。

比喻和精彩的故事并不能证明什么，只是能够使陈述者表达的观点更加生动。对说话的人来说是有利的，对听者来说是非常危险的，因为你很容易受到感染，忘掉自己的立场，根本没有考虑进行对比的两个事物之间有没有可比性。

"今天我站在这里,并没有看到1000个毕业生的灿烂未来。我没有看到1000个行业的1000名卓越领导者,我只看到了1000个失败者。你们感到沮丧,这是可以理解的。为什么?我——艾利森,一个退学生,竟然在美国最具声望的学府里这样厚颜地散布异端?

"我来告诉你原因。因为,我,艾利森,这个行星上第二富有的人,是个退学生,而你不是,因为,比尔·盖茨,这个行星上最富有的人,是个退学生,而你不是,因为,艾伦(微软共同创办人),这个行星上第三富有的人,也退了学,而你没有。再来一点证据吧,因为,戴尔,这个行星上第九富有的人,也是个退学生,而你,不是。

"你们非常沮丧,这是可以理解的。

"你们将来需要这些有用的工作习惯。你将来需要这种"治疗"。你需要它们,因为你没辍学,所以你永远不会成为世界上最富有的人。哦,当然,你可以,也许,以你的方式进步到第10位、第11位,就像史蒂夫(苹果公司创始人)。不过,我没有告诉你他在为谁工作,是吧?根据记载,他是研究生时辍学的,开化得稍晚了些。"

这是赖瑞·艾利森在耶鲁大学2000届毕业典礼上发表的演讲词。这次演讲被称为有史以来最狂妄的演讲,可惜演讲没有结束,他就被拉下台了。因为他运用了错误类比这种控制手段,在他的鼓舞和煽动之下,似乎只有退学,才能成功。事实上，他并没有提供证据证明听众和他列举的成功者之间，在个性、学识等方面具有可比性。

比如，一位首席执行官就用到了这种控制手段："据我所知，我们的竞争对手做过这样的尝试，但是没有成功。"王先生听后很沮丧，没有坚持自己的观点。现在请你想一想，如果你是王先生，应该怎么反驳呢？首先，竞争对手与我们的资源、实力以及具体的实施方案都不同，他们失败了并不代表我们不能成功；其次，竞争对手失败了，那是以前的事，现在市场各方面都发生了变化，不能用过去的标准衡量现在的决策。

当然了，并不是所有的类比都是错误的。恰当地运用比喻和故事可以更好地帮助别人理解自己的观点。比如，在前面的例子中，也许竞争对手的情况与王先生所在单位的情况在各方面都是类似的，而且市场也没有发生什么变化，王先生的方案也并不比竞争对手的高明，那么二者就有可比性。

因此，当你听到别人在用比喻、故事或事例说明自己的观点的时候，要区分哪些是恰当的，哪些是具有操纵性的，以免落入陷阱。问问自己，这个类比是正确的吗？这个故事能够证明讲话者的观点吗？需要注意的是，不管是哪一种情况，使用类比手法都对陈述者有利。

对付这种控制手段，首先要保持谨慎的态度，因为你很可能沉浸在精彩的故事中，进而相信对方的观点。一旦你发现对方在使用错误的类比，就要先弄明白他的目的是什么。总的来说，运用错误类比的人无非是想否定你的能力和价值，证明你不能得到你想要的，不能实现你的目标。明确这一点之后，你就要证明他的说法毫无根据，驳倒它以支持自己的观点。

比如，他可能会说："别人没有成功，所以你也不能成功。"他的目的是要证明你不能成功，但是并没有提供有力的证据，只是运用了错误类比。你只需指出一点就能把他驳倒——你跟别人不一样。对方只是站在自己的立场上来看待你的问题，也许他看不出你和别人有什么不同，所以认为你不能成功。你当然比别人更了解自己，当你再听到别人对你的否定的时候，要告诉自己："别人认为我不行，那是他片面的看法，他并没有拿出证据证明这一点，而我相信自己能行，我将用实际行动来证明。"

和前面所有的对付控制手段的方法一样，不要为自己辩解，辩解无济于事，反而会落入对方的圈套。归根到底，控制手段之所以能发挥作用，就因为它能让你情绪化，而辩解恰恰是情绪化的反应，并不能证明你能行，只能让你显得气急败坏。因此，当别人否定你，或不信任你的时候，不要争辩，口头上的争论没有任何意义。你只要听懂他们所传达的真正的意思就行了。然后，你应该用行动来证明自己的能力。

相反，如果有人用错误类比让你相信自己能够轻而易举地成功，同样要谨慎地对待。就像艾利森在演讲中所暗示的，只有退学才能成为世界上最富有的人，那些还没毕业的学生听到，难免有些人会蠢蠢欲动。很多励志类的书也都是用的这种方法，诱使别人相信既然别人能够通过这种方法成功，那么你也可以。这对激励人们的信念和勇气是有帮助的，但是如果盲目相信那些英雄主义的故事，不去分析自己和别人的差别，很可能要面临失败的危险。

附录:"开动你的脑筋"答案

第 8 页答案

我们画一个简单的曲线图来进行说明。黑线表示和尚上山的路线——一天中随着行走,海拔逐渐增高;灰线表示和尚第二天下山时行走路线的海拔高度——他从山顶出发,随着时间的推移而逐渐下山。

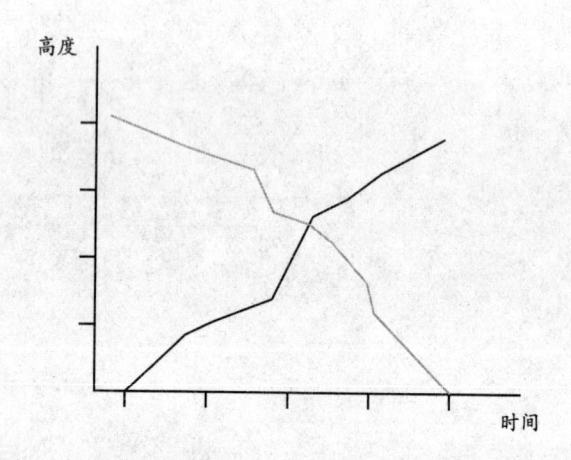

如果用图表的方式来表达,我们很显然可以知道,在山上一定有这样一个点,和尚在两天的同一时刻都经过这个点。

第21页答案

3只。

第28页答案

	8升	5升	3升
第1步	3	5	0
第2步	3	2	3
第3步	6	2	0
第4步	6	0	2
第5步	1	5	2
第6步	1	4	3
第7步	4	4	0

以上是其中的一种答案，除此之外，你能想到更简单的答案吗？

第37页答案

第1组齿轮中的两个水桶都会下降；第2组齿轮的最后1个齿轮逆时针转动。

第43页答案

1.那个人是个孕妇；2.罪犯自首了；3.他在刷假牙。

第93页答案

爱德华·德·波诺博士给出的方法是：在距大楼10米处的地

上画一个点，然后把房子和这个点拍在一张照片上，在照片上用尺子一量，马上就可以算出房子的高度了。

第 106 页答案

B, 鱼尾和鱼钩不平行。

第 110 页答案

五角形：20；正方形：30；椭圆：49；长方形：30。一共有68个球。

第 123 页答案

他在倒车。

第 135 页答案

将 5 枚邮票摆成"十"字，然后在最中间再放 1 枚邮票。

第 138 页答案

1.把瓶子打碎；2.在瓶塞上钻孔；3.把瓶塞推到瓶子里。

第 144 页答案

托兹骑着自己的马到了农场，这样马的总数就成了 18 匹。然后，他分给了约翰 9 匹马（18 的一半），分给了詹姆士 6 匹马（18 的 1/3），分给了威廉两匹马（18 的 1/9）。最后，托兹骑着自己的马高高兴兴地回家了。

第148页答案

因为巨轮会随着海面而上下浮动，所以当潮水涨至最高点时仍有30条横档在海面上。